Gerhard Pietsch

Anwendungsübergreifende Geschäftsprozeß- und W
SAP R/3

Am Beispiel der Beschaffung von Investitionsgütern in .... bauunternehmen

Gerhard Pietsch

Anwendungsübergreifende Geschäftsprozeß- und Workflow-Modellierung unter SAP R/3

Am Beispiel der Beschaffung von Investitionsgütern in einem Bauunternehmen

Diplom.de

Bibliografische Information der Deutschen Nationalbibliothek:

Bibliografische Information der Deutschen Nationalbibliothek: Die Deutsche Bibliothek verzeichnet diese Publikation in der Deutschen Nationalbibliografie; detaillierte bibliografische Daten sind im Internet über http://dnb.d-nb.de/ abrufbar.

Copyright © 1998 Diplomica Verlag GmbH
Druck und Bindung: Books on Demand GmbH, Norderstedt Germany
ISBN: 978-3-8386-1073-3

http://www.diplom.de/e-book/216965/anwendungsuebergreifende-geschaeftsprozess-und-workflow-modellierung-unter

Gerhard Pietsch

Anwendungsübergreifende Geschäftsprozeß- und Workflow-Modellierung unter SAP R/3

Am Beispiel der Beschaffung von Investitionsgütern in einem Bauunternehmen

Diplomarbeit
an der FernUniversität - Gesamthochschule Hagen
Februar 1998 Abgabe

***Diplomarbeiten** Agentur*
Dipl. Kfm. Dipl. Hdl. Björn Bedey
Dipl. Wi.-Ing. Martin Haschke
und Guido Meyer GbR

Hermannstal 119 k
22119 Hamburg

agentur@diplom.de
www.diplom.de

ID 1073

ID 1073
Pietsch, Gerhard: Anwendungsübergreifende Geschäftsprozeß- und Workflow-Modellierung unter SAP R/3: Am Beispiel der Beschaffung von Investitionsgütern in einem Bauunternehmen / Gerhard Pietsch · Hamburg: Diplomarbeiten Agentur, 1998
Zugl.: Hagen, Universität · Gesamthochschule, Diplom, 1998

Dipl. Kfm. Dipl. Hdl. Björn Bedey, Dipl. Wi.-Ing. Martin Haschke & Guido Meyer GbR
Diplomarbeiten Agentur, http://www.diplom.de, Hamburg
Printed in Germany

Diplomarbeiten Agentur

Wissensquellen gewinnbringend nutzen

Qualität, Praxisrelevanz und Aktualität zeichnen unsere Studien aus. Wir bieten Ihnen im Auftrag unserer Autorinnen und Autoren Wirtschafts-studien und wissenschaftliche Abschlussarbeiten – Dissertationen, Diplomarbeiten, Magisterarbeiten, Staatsexamensarbeiten und Studien-arbeiten zum Kauf. Sie wurden an deutschen Universitäten, Fachhoch-schulen, Akademien oder vergleichbaren Institutionen der Europäischen Union geschrieben. Der Notendurchschnitt liegt bei 1,5.

Wettbewerbsvorteile verschaffen – Vergleichen Sie den Preis unserer Studien mit den Honoraren externer Berater. Um dieses Wissen selbst zusammenzutragen, müssten Sie viel Zeit und Geld aufbringen.

http://www.diplom.de bietet Ihnen unser vollständiges Lieferprogramm mit mehreren tausend Studien im Internet. Neben dem Online-Katalog und der Online-Suchmaschine für Ihre Recherche steht Ihnen auch eine Online-Bestellfunktion zur Verfügung. Inhaltliche Zusammenfassungen und Inhaltsverzeichnisse zu jeder Studie sind im Internet einsehbar.

Individueller Service – Gerne senden wir Ihnen auch unseren Papier-katalog zu. Bitte fordern Sie Ihr individuelles Exemplar bei uns an. Für Fragen, Anregungen und individuelle Anfragen stehen wir Ihnen gerne zur Verfügung. Wir freuen uns auf eine gute Zusammenarbeit

Ihr Team der *Diplomarbeiten* Agentur

Dipl. Kfm. Dipl. Hdl. Björn Bedey –
Dipl. Wi.-Ing. Martin Haschke ——
und Guido Meyer GbR ————

Hermannstal 119 k ————
22119 Hamburg ————

Fon: 040 / 655 99 20 ————
Fax: 040 / 655 99 222 ————

agentur@diplom.de ————
www.diplom.de ————

1 Gliederung

Seite

1 Gliederung .... - I -

2 Abkürzungsverzeichnis .... - III -

3 Abbildungsverzeichnis .... - V -

4 Einleitung und Zielsetzung der Arbeit .... - 1 -

5 Geschäftsprozeß-Modellierung .... - 2 -

  5.1 Begriffsdefinition und Abgrenzung .... - 2 -

    5.1.1 Begriffsumfeld zu "Geschäftsprozeß" .... - 2 -

    5.1.2 Begriff "anwendungsübergreifend" .... - 4 -

  5.2 Methoden zur Darstellung von Geschäftsprozessen .... - 6 -

    5.2.1 Überblick von Methoden zur Ablaufmodellierung .... - 6 -

    5.2.2 Ereignisgesteuerte Prozeßkette (EPK) .... - 7 -

  5.3 Modellierung und Darstellung von Geschäftsprozessen unter SAP R/3 ..... - 10 -

    5.3.1 Szenarioprozeß und Geschäftsprozeß-Baustein .... - 11 -

    5.3.2 R/3-Geschäftsprozeß-Varianten .... - 17 -

      5.3.2.1 R/3-Standard-Prozeßvarianten .... - 17 -

      5.3.2.2 Modellierung von unternehmensspezifischen Varianten .... - 19 -

    5.3.3 Anzeige und Navigation im Referenzmodell .... - 20 -

      5.3.3.1 Prozeßhierarchie des R/3-Referenzprozeßmodells .... - 21 -

      5.3.3.2 Komponentenhierarchie des R/3-Referenzprozeßmodells .... - 21 -

    5.3.4 Verteilte Geschäftsprozesse über ALE (Application Link Enabling) .... - 24 -

  5.4 Vorgangsmodelle zur geschäftsprozeßorientierten Einführung von SAP R/3 .. - 25 -

    5.4.1 R/3-Vorgangsmodell von SAP .... - 26 -

    5.4.2 Iteratives Prozeß-Prototyping (IPP) .... - 27 -

6 Workflow-Modellierung .... - 31 -

  6.1 Begriffsdefinition, Abgrenzung und Klassifikation .... - 31 -

  6.2 Aspekte und Arten von Workflow-Sprachen .... - 34 -

  6.3 Allgemeine Architektur eines Workflow-Management-Systems .... - 35 -

  6.4 Referenzmodell der WfMC .... - 37 -

  6.5 Vorgehensmodelle zur Integration des Geschäftsprozeßmodells .... - 38 -

  6.6 Modellierung von Workflows unter SAP R/3 .... - 40 -

    6.6.1 SAP Business Objekte .... - 41 -

    6.6.2 Definition der Aufbauorganisation .... - 44 -

Seite

6.6.3 Workflow-Sprache und Definition des Workflow-Schemas .... - 45 -

   6.6.3.1 Funktionaler Aspekt .... - 45 -

   6.6.3.2 Verhaltensorientierter Aspekt .... - 45 -

   6.6.3.3 Informationsbezogener und operationaler Aspekt .... - 46 -

   6.6.3.4 Organisatorischer Aspekt .... - 46 -

6.6.4 Laufzeitsystem vom SAP Business Workflow .... - 47 -

6.6.5 Benutzer-Schnittstellen und Werkzeuge .... - 48 -

   6.6.5.1 Integrierter Eingangskorb .... - 48 -

   6.6.5.2 Weitere Werkzeuge .... - 48 -

6.6.6 Externe Schnittstellen von und zum SAP Business Workflow .... - 49 -

6.6.7 Vorgehensmodell und Entwicklungsmethoden .... - 50 -

7 Anwendung unter R/3 am Beispiel der Beschaffung von Baugeräten .... - 51 -

7.1 Beschreibung des Umfeldes und Darstellung des IST-Ablaufs .... - 51 -

7.2 "Schwachstellenanalyse" und SOLL-Konzept .... - 52 -

7.3 Abbildung des Geschäftsprozesses unter SAP R/3 .... - 54 -

   7.3.1 Unternehmensspezifische Variante auf der Ebene Szenarioprozeß ..... - 54 -

   7.3.2 Unternehmensspezifische Variante auf der Ebene Geschäftsprozeß-Baustein - 56 -

   7.3.3 Unternehmensspezifische Variante auf der Ebene Funktionsbaustein ... - 57 -

7.4 SAP Business Workflow zur Unterstützung des Geschäftsprozesses .... - 58 -

   7.4.1 Pflege der Aufbauorganisation .... - 59 -

   7.4.2 Externes Auslösen des Workflow .... - 59 -

   7.4.3 Einfaches Workflow-Schema als Grundform .... - 61 -

   7.4.4 Erweitertes Workflow-Schema mit Freigabeverfahren .... - 64 -

8 Zusammenfassung und Ausblick .... - 68 -

9 Literaturverzeichnis .... - 70 -

10 Lizenzrechtliche Hinweise .... - 81 -

11 Erklärung .... - 81 -

2 Abkürzungsverzeichnis

Abb.	Abbildung
ALE	Application Link Enabling
API	Application Programming Interface
ARIS	Architektur integrierter Informationssysteme
BANF	Bestellanforderung
BAPI	Business Application Programming Interface
BGL	Baugeräteliste
bzw.	beziehungsweise
COM	Component Object Model
CORBA	Common Object Request Broker Architecture
CSCW	Computer Supported Cooperative Work
DCOM	Distributed COM
d.h.	daß heißt
Diss.	Dissertation
DV	Daten-Verarbeitung(s)
EDI	Electronic Data Interchange
eds.	editors
EFECT	Extended Data Flow (E) Chart
EPK	Ereignisgesteuerte Prozeßkette
eEPK	erweiterte Ereignisgesteuerte Prozeßkette
ERP	Enterprise Resource Planning
e.V.	eingetragener Verein
f	und folgende Seite
ff	und folgende Seiten
GES	Geschäftsprozeßorientierte Einführung von Standardsoftware
GI	Gesellschaft für Informatik
GPO	Geschäftsprozeß-Optimierung
HGB	Handelsgesetzbuch
HIPO	Hierarchy plus Input-Process-Output
Hrsg.	Herausgeber
IDES	International Demonstration und Education System

IDOC	Intermediate Document
IKT	Informations- und Kommunikations-Technik
IMG	Implementation Guide
IPP	Iteratives Prozeß Prototyping
MAPI	Microsoft Application Programming Interface
OLE	Object Linking and Embedding
OSS	Online Service System
RFA	Rollen-Funktionen-Aktionen-
RFC	Remote Function Call
RT	Real Time System Specification
S.	Seite
SADT	Strucutred Analysis and Design Technique
SAP	Systeme, Anwendungen, Produkte in der Datenverarbeitung
SAPGUI	SAP Graphical User Interface
s.u.	siehe unten
Univ.	Universität
WAPI	Workflow Application Programming Interface
WfMC	Workflow Management Coalition
WfMS	Workflow Management System
WPDL	Workflow Process Definition Language
WSK	Wertschöpfungskette
u.a.	und andere
z.B.	zum Beispiel
zugl.	zugleich

3 Abbildungsverzeichnis

Seite

Abb. 1 Begriffe "Mandant" und "R/3 System"...- 5 -

Abb. 2 Elemente einer "Ereignisgesteuerten Prozeßkette"............................. - 8 -

Abb. 3 Die "erweiterte Ereignisgesteuerte Prozeßkette" in der formalen Struktur
und als modelliertes Beispiel im R/3 ....- 9 -

Abb. 4 Die Darstellung der erweiterten EPK im R/3 .... - 12-

Abb. 5 Ausschnitt aus dem Szenarioprozeß "Beschaffungsabwicklung" und dem
Geschäftsprozeß-Baustein "Bestellanforderungszuordnung" im R/3.......... - 13 -

Abb. 6 Szenarioprozeß "Beschaffungsabwicklung" in "vollständiger
EPK-Darstellung".. - 14 -

Abb. 7 Szenarioprozeß "Beschaffungsabwicklung" in WSK-Darstellung .... - 16 -

Abb. 8 Szenarioprozeß "Verbrauchsmaterialbeschaffung" in WSK-Darstellung .... - 16 -

Abb. 9 Lösungsraum vom R/3 Referenzmodell und von unternehmensspezifischen
Varianten ....- 18 -

Abb. 10 Teil der Prozeßhierarchie .... - 22 -

Abb. 11 Teil der Komponentenhierarchie im R/3 .... - 23 -

Abb. 12 Netzwerkartige Navigation im Iterativen Prozeß-Prototyping .... - 27 -

Abb. 13 Rahmenplan für einen IPP-Workshop .... - 28 -

Abb. 14 Begriffe bei der Modellierung von Workflows .... - 31 -

Abb. 15 Allgemeines Modell eines Workflow-Management-Systems .... - 35 -

Abb. 16 Schichten eines SAP Business-Objekts .... - 41 -

Abb. 17 Bestellanforderung als Beispiel eines SAP Business-Objekts .... - 43 -

Abb. 18 Datenfluß und Container im SAP Business Workflow .... - 46 -

Abb. 19 Unternehmensspezifischer Szenarioprozeß in WSK-Darstellung .... - 55 -

Abb. 20 Workflow-Schema: Investitionsgüter-Beschaffung in der Grundform .... - 62 -

Abb. 21 Sub-Workflow-Schema: Freigabeverfahren .... - 65 -

Abb. 22 Erweitertes Workflow-Schema mit Freigabeverfahren .... - 67 -

4 Einleitung und Zielsetzung der Arbeit

Ein Einsatz der Informations- und Kommunikationstechnik (IKT) in den Unternehmen ist als unterstützendes Mittel zur Abwicklung der Geschäftstätigkeiten nicht mehr wegzudenken. Die Entwicklungen im Bereich der IKT wie Internet oder Intranet (siehe z.B. SCHÄTZLER UND EILINGSFELD 1997) führen zudem auch zu neuen Handelsformen wie den "Elektronischen Markt" (siehe WIGAND U.A. 1997, S.259-309).

Die sorgfältige Auswahl von Software in einem Unternehmen ist unter Berücksichtigung der raschen Dynamik im Wettbewerb und des Einführungsaufwandes wichtiger denn je. Daher muß einerseits der Anwender die Möglichkeit haben, eine Standard-Software flexibel und kontinuierlich auf wechselnde Abläufe im Unternehmen einzustellen, die ihrerseits von den sich ändernden Marktbedingungen ausgelöst werden. Andererseits muß auch der Hersteller selbst die Software den sich ändernden Anforderungen der Kunden - im Sinne eines "kunden-orientierten Softwareprozeßmanagements" (PIETSCH 1997, S.21ff) - anpassen.

Neben rein technischen Kriterien erfolgt die Bewertung der einzusetzenden Software vor allem aus Sicht der Abbildbarkeit der unternehmensspezifischen Geschäftsprozesse (MENTZEL 1997, S.46ff). Zur maschinellen Unterstützung der unternehmensindividuellen Geschäfts-prozesse werden unter dem Schlagwort "Workflow-Management" neue Software-Kom-ponenten als innovative Informations- bzw. Kommunikations-Technik diskutiert (JABLONSKI U.A. 1997).

Am Beispiel der Beschaffung von Baugeräten als Investitionsgüter in einem Bauunternehmen soll der Einsatz der Standardsoftware R/3 zur Geschäftsprozeß- und Workflow-Modellierung dargestellt werden. Besondere Berücksichtigung soll dabei die Integration eines vorhandenen Legacy-Systems auf Basis einer verteilten, anwendungsübergreifenden Softwarearchitektur finden. Im Rahmen dieser Arbeit geht es dabei nicht um die betriebswirtschaftliche Neugestal-tung oder Optimierung von Geschäftsprozessen durch R/3 im Sinne eines Business Engineerng oder Business Reengineering. Das Ziel dieser Arbeit besteht darin, die Darstellung der Ge-schäftsprozesse im R/3 und die Möglichkeiten einer maschinellen Unterstützung durch ein Workflow-Management-System aufzuzeigen.

Die in dieser Arbeit dargestellten Möglichkeiten basieren auf der derzeit aktuellen Version 3.1H. Das Release 4.0 ist zwar seit Dezember 1997 bei ersten Pilotkunden im Einsatz, doch ist die globale Auslieferung an alle Kunden erst ab 2. Quartal 1998 geplant (KIDLER 1998, S.4). Die in der Version 3.1 von R/3 (HANTUSCH U.A. 1997) erstmalig angebotenen Möglich-keiten zur Nutzung des Internets werden nur am Rande diskutiert, soweit Verbindungen zur Geschäftsprozeß- und Workflow-Modellierung bestehen.

5 Geschäftsprozeß-Modellierung

Im folgenden werden nach einer Begriffsdefinition und -abgrenzung verschiedene Methoden zur Darstellung und Modellierung von Geschäftsprozessen im Überblick dargestellt. Die Methode der "Ereignisgesteuerten Prozeßkette" wird ausführlich beschrieben. Anschließend erfolgt die Darstellung der R/3-Geschäftsprozesse und die Möglichkeiten zur Modellierung unter SAP R/3. Zum Schluß werden verschiedene Vorgehensweisen zur prozeßorientierten Einführung von SAP R/3 vorgestellt.

5.1 Begriffsdefinition und Abgrenzung

Zur Lösung von Problemen und Fragestellungen der Realwelt werden in der Wissenschaft meist Modelle gebildet. Zu den in diesem Zusammenhang stehenden Begriffen "Modellierung", "Metamodell", "System" und damit verwandter Begriffe gibt es in der Literatur (siehe z.B. HESSE U.A. 1994B, S.98ff; KRALLMANN 1996, S.6ff) eine Vielzahl von Definitionen, so daß hier auf eine ausführliche Beschreibung und Herleitung aus Platzgründen verzichtet wird. Im folgenden werden diese Begriffe im Sinne einer Arbeitskreisdefinition der Gesellschaft für Informatik (BÖHM U.A. 1997, S.35-46) als Basis für weitere Beschreibungen verwendet.

5.1.1 Begriffsumfeld zu "Geschäftsprozeß"

Zu dem Begriff "Geschäftsprozeß" gibt es je nach Kontext unterschiedliche Erklärungen und Definitionen (siehe z.B. FERSTL UND SINZ 1995, S.212; HAUSER 1996, S.12f). In einer einfachen Definition durch das Deutsche Institut für Normung e.V. ist ein Geschäftsprozeß "ein Prozeß, der unter betriebswirtschaftlichen Gesichtspunkten betrachtet wird" (DIN 1996, S.77). Der Detaillierungsgrad der betrachteten Ebene bzw. des betriebswirtschaftlichen Blickwinkels wird hierbei nicht angegeben. Der Begriff "Prozeß" stammt etymologisch gesehen aus dem Lateinischen von "processus" mit der Bedeutung "Fortschreiten, Fortgang, Verlauf" ab (WAHRIG 1986, S.1022) und verweist damit im Grundsatz auf etwas Dynamisches. Der Teilbegriff "Prozeß" wird homonym, aber auch synonym mit anderen Begriffen verwendet (HAUSER 1996, S.12f). Als Prozeß wird im Rahmen dieser Arbeit allgemein ein "beschriebener Vorgang" bezeichnet (nach JABLONSKI U.A. 1997, S.488). Ein *Vorgang* kann allgemein als Oberbegriff für ein Geschehen in der Realität verwendet werden (JABLONSKI UND ORTNER 1997, S.23). Eine *Aufgabe* ist ein festgelegtes, "mit einer Zielsetzung verknüpftes Soll", das von den beauftragten Aufgabenträgern unter bestimmten gegebenen und definierten Randbedingungen erreicht werden soll (DIN 1996, S.15; JABLONSKI U.A. 1997, S.485). Der Bearbeiter der Aufgabe kann eine Maschine oder eine Person sein und wird allgemein als *Agent* bezeichnet (DIN 1996, S.15). Ein Vorgang wird *Arbeitsvorgang* genannt, wenn mehrere Agenten in einer Organisation durch gemeinsame Zusammenarbeit ein "vorgegebenes Arbeitsergebnis erzielen" (BÖHM U.A. 1997, S.39). Die beschriebenen Arbeitsvorgänge werden im Sinne eines Schemas oder eines Darstellungsmodells auch als *Arbeitsablauf* bezeichnet (BÖHM U.A. 1997, S.39).

In einem Unternehmen gibt es eine Vielzahl von Arbeitsvorgängen, die für verschiedene betriebswirtschaftliche Betrachtungsweisen zudem auch auf unterschiedlichen vertikalen Ebenen verdichtet werden können. Ein *Geschäftsprozeß* kann somit allgemein als ein Oberbegriff für verschiedene, beschriebene Arbeitsvorgänge in einem Unternehmen verwendet werden, wenn diese primär aus einer betriebswirtschaftlichen Zielsetzung und weniger aus arbeitsorganisatorischer Sicht betrachtet werden (BÖHM U.A. 1997, S.39).

Im Kern geht es bei den drei Begriffen *Arbeitsablauf, Geschäftsprozeß* und *Workflow* jeweils um die Gestaltung von Organisationsstrukturen (LEHMANN UND ORTNER 1997, S.63). Die Gestaltung von Arbeitsvorgängen ist ein Thema der Organisationsgestaltung ím engeren Sinne und die Definition der Geschäftsprozesse ein Bereich der Unternehmensgestaltung (JABLONSKI UND ORTNER 1997, S.7ff). Sollen die beschriebenen Arbeitsvorgänge zusätzlich teilweise durch eine Workflow-Management-System gesteuert und durch Rollenauflösung den Agenten maschinell zugeordnet werden, so sind diese Arbeitsabläufe als "Workflows" (siehe Punkt 6.1) ein Forschungsgegenstand der Informationssystementwicklung (siehe auch LEHMANN UND ORTNER 1997, S.63).

Aus heutiger Sicht erfolgt die Festlegung der einzelnen Arbeitsvorgänge im Rahmen der Organisationsentwicklung meist nach der strategischen Definition der Geschäftsprozesse im Rahmen der Unternehmensgestaltung (LEHMANN UND ORTNER 1997, S.63). Die Gesamtheit der Aufgaben, die zur Gestaltung, zur Lenkung und zur Entwicklung von Geschäftsprozessen durchgeführt werden, kann als *Prozeßmanagement* bezeichnet werden (HAUSER 1996, S.26-70).

Die Merkmale von Geschäftsprozessen lassen sich grundsätzlich in formale oder konstitutive Merkmale, die jeden Prozeß kennzeichnen, und andererseits in sachliche oder klassifizierende Merkmale unterscheiden (FERSTL UND SINZ 1993, S.590f; HAUSER 1996, S.13). In der Aufzählung der verschiedenen Charakteristika eines R/3-Geschäftsprozesses (KELLER UND TEUFEL 1997A, S.154) erfolgt keine explizite Trennung in formale und beschreibende Merkmale.

Unabhängig von der betriebswirtschaftlichen und der qualitativen, inhaltlichen Bewertung läßt sich ein (Geschäfts-)Prozeß formal durch folgende allgemeine Kennzeichen charakterisieren (HAUSER 1996, S.14-17; siehe auch SCHWICKERT UND FISCHER 1997, S.90ff):

(1) Ein Geschäftsprozeß besteht aus einer *zielgerichteten und definierten Abfolge von Aktivitäten* (KELLER UND TEUFEL 1997A, S.154, HÄSSIG UND ARNOLD 1996, S.110).

(2) Als *Input* für einen Prozeß werden die materiellen oder immateriellen Objekte bezeichnet, an denen innerhalb des Prozesses die Aufgaben duchgeführt werden (HAUSER 1996, S.15).

(3) Die Ausführung eines Geschäftsprozesses wird durch einen Geschäftsvorfall oder *Ereignis* ausgelöst (FERSTL UND SINZ 1993, S.590). Ein Ereignis kann auch innerhalb eines Prozesses als vorläufiger Zwischenzustand auftreten. Die Ereignisse können nach verschiedenen Kriterien wie z.b. nach Eintrittszeitpunkten oder nach dem Auftreten in der Ablauflogik systematisiert werden (HOFFMANN U.A. 1992, S.5ff). Eine kritische Diskussion dieser Klassifikation findet sich bei PRIEMER (1995, S.233-242).

(4) Innerhalb des Geschäftsprozesses wird der Input (Anfangszustand) durch die Abfolge der Aktivitäten nach den festgelegten Regeln verändert. Bei dieser *Transformation* (HAUSER 1996, S.16) können auch weitere Mittel - Personen oder Sachmittel - eingesetzt werden, die aber bei der Leistungserbringung unverändert bleiben. Analog zur Produktionstheorie (FANDEL 1991, S.34) werden diese Mittel homonym auch als "Potentialelemente" (HAUSER 1996, S.16) bezeichnet.

(5) Als Ergebnis der Transformation erhält man am Ende des Prozesses einen *Output* (Endzustand), der wiederum Input für andere Prozesse der gleichen Abstraktionsebene sein kann. Auf diese Weise entsteht eine horizontale Prozeßauflösung (MILLING 1981, S.103ff).

Zur Klassifizierung von Geschäftsprozessen können verschiedene deskriptive Sachmerkmale wie u.a. personale Reichweite, Typ der Aufgabe, Strukturierungsgrad der Aufgabe aufgeführt werden (KRUSE 1996, S.26). Diese Systematisierungen sind subjektiv, unvollständig und vom gewählten Untersuchungsziel wie z.B. der Prozeßbewertung abhängig (HAUSER 1996, S.17). Ein Unternehmen kann auf oberster Ebene als ein Unternehmensprozeß definiert werden. Durch vertikale Prozeßauflösung kann dieser Prozeß schrittweise verfeinert werden und die einzelnen Teilprozesse nach der Position in der Hierarchie klassifiziert werden (MILLING 1981, S.103ff; GAITANIDES 1983, S.75ff).

5.1.2 Begriff "anwendungsübergreifend"

Der Begriff *Anwendung* steht im Vergleich zum Begriff Geschäftsprozeß mehr in einem DV-technischen als in einem betriebswirtschaftlichen Kontext. Unter Anwendung wird in einem weiteren Sinne ein Anwendungs-System verstanden, in einem etwas engeren Sinne oft nur ein

Anwendungs-Programm (HESSE U.A. 1994A, S.43). Unter Anwendung oder synonym Applikation wird ein integriertes Programmsystem mit einheitlicher Datenbasis verstanden, das speziell für einen betrieblichen Funktionsbereich geschaffen wurde (siehe auch SCHNEIDER 1997, S.43). Gibt es z.B. in einem Unternehmen getrennte Systeme für die Logistik und für die Finanzbuchhaltung, so kann der Datenaustausch zwischen den beiden, zudem meist noch heterogenen Systemen, als anwendungsübergreifend bezeichnet werden. Eine verteilte Datenbank wäre in diesem Sinne kein anwendungsübergreifendes Softwaresystem.

Im Umfeld von SAP R/3 wird der Begriff "anwendungsübergreifend" homonym verwendet. Das R/3 ist ein mandantenfähiges Softwaresystem, das über den Begriff des Mandanten eine "Aufteilung eines physischen R/3 Systems in mehrere *logische Anwendungssysteme* bewirkt" (SAP 1997J, S.1). Die einzelnen Mandanten eines physischen R/3 Systems sind zwar auf der Ebene der Anwendungsdaten vollständig getrennt, greifen aber auf eine einheitliche funktionale Repositorybasis zu (siehe Abb. 1). Ein übergreifender Geschäftsprozeß mit Datenaustausch zwischen zwei Mandanten als logische Anwendungssysteme kann daher auch als anwendungsübergreifender Geschäftsprozeß bezeichnet werden.

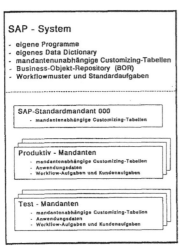

Abb. 1: Begriffe "Mandant" und "R/3 System"

Innerhalb eines Mandanten erfolgt im R/3 eine Trennung in einzelne Anwendungs-Komponenten (SAP 1997F, S.A_102f). Der Informations- und Kontrollfluß zwischen den einzelnen Komponenten - z.B. von der Materialwirtschaft zur Anlagenbuchhaltung - wird somit ebenfalls als anwendungsübergreifend bezeichnet.

In dieser Arbeit soll der Begriff "anwendungsübergreifend" aus der praktischen Aufgaben-
stellung bzw. aus der Anwendersicht heraus recht weit und umfassend gesehen werden. Es
sollen zum einen Prozesse innerhalb eines R/3-Mandanten über die R/3-Anwendungskom-
ponenten hinweg betrachtet werden. Andererseits sollen aber auch mandantenübergreifende
Abläufe untersucht werden, unabhängig davon, ob die Mandanten in dem gleichen R/3-
System oder in unterschiedlichen R/3-System abgebildet sind. Schließlich sollen mögliche
Verbindungen vom R/3 zu externen Legacy-Systemen aufgezeigt werden.

5.2 Methoden zur Darstellung von Geschäftsprozessen

Zur Darstellung von betriebswirtschaftlichen Abläufen können im Prinzip sprachliche Beschreibungen, tabellarische Aufstellungen, graphische Modelle, mathematische Abbildungen
oder eine Kombination verschiedener Methoden verwendet werden (LULLIES U.A. 1998,
S.66f; HAUSER 1996, S.39ff). Nach einem kurzem Überblick über möglichen Methoden zur
Ablaufmodellierung bei der Softwareentwicklung wird dann im folgenden nur die graphische
Darstellungsmethode der "Ereignisgesteuerten Prozeßkette" ausführlicher vorgestellt, die auch
im System R/3 von SAP zur Darstellung von Geschäftsprozessen verwendet wird (KELLER
1995, S.54f).

5.2.1 Überblick von Methoden zur Ablaufmodellierung

Die meisten Werkzeuge und Entwicklungsmethoden im Rahmen des Software-Engineerings
berücksichtigen in den verschiedenen Phasen von der fachlichen Analyse bis hin zur Implementierung weniger den dynamischen als einen statischen Zusammenhang von verschiedenen Elementen (MÜLLER 1995, S.2 u. S.6). Zudem stellen viele dieser Methoden den
Informationsfluß in den Vordergrund und nicht den betriebswirtschaftlichen Ablauf bzw.
Kontrollfluß (KELLER UND TEUFEL 1997A, S.151). So resultiert z.B. aus einer funktionalen
Dekomposition nur ein hierarchischer Funktionsbaum. Die Darstellung von Datenmodellen
und auch Datenflußdiagrammen geben ebenfalls den kausalen, zeitlichen Zusammenhang nicht
wider (PAGEL U.A. 1995, S.97ff).

Die vorhandenen Methoden zur Ablaufmodellierung können zunächst in elementare Basismethoden und in kombinierte Methoden, die mehrere Gestaltungselemente in Beziehung setzen,
eingeteilt werden (MÜLLER 1995, S.13ff).

Zu den Basismethoden zählen Petri-Netzen (siehe DESEL UND OBERWEIS 1996, S.363ff) und
Zustandsautomaten, sowie mehrere verschiedene Kontrollstruktur-Darstellungen wie Pro-
grammablaufpläne, Nassi-Shneiderman-Diagramme oder auch Jackson-Diagramme (siehe

Aufstellung bei MÜLLER 1995, S.13).

Zu den kombinierten Methoden für die Ablaufmodellierung (MÜLLER 1995, S.15ff) zählen umfangreichere - auf Petri-Netzen beruhende - Methoden wie RFA-Netze, Ereignisgesteuerte Prozeßketten (EPK) und die ISOTEC-Geschäftsprozeßanalyse sowie primär datenflußorientierte Methoden wie SADT, RT und HIPO.

Als Ergebnis aus einem Vergleich der verschiedenen Ablaufmodellierungs-Methoden anhand verschiedener Kriterien zeigt sich, daß die auf Petri-Netzen basierenden Methoden die meiste Funktionalität bieten (MÜLLER 1995, S.96-98). Im Rahmen des Hauptkriteriums "Funktionalität" wurden u.a. die Abbildbarkeit der beteiligten Organisationseinheiten, die Möglichkeit zur objekt- und datenflußorientierten Beschreibung, die Möglichkeit zur Simulation, die Bildung verschiedener Abstraktionsebenen und die Einbindung von zeitlichen Aspekten bewertet (siehe im einzelnen bei MÜLLER 1995, S.18-25).

5.2.2 Ereignisgesteuerte Prozeßkette (EPK)

Zur Darstellung und auch Modellierung von betriebswirtschaftlichen Abläufen in zeitlich-sachlogischer Sicht haben sich für DV-Systeme in letzter Zeit vor allem die *Ereignisgesteuerten Prozeßketten* (EPK) durchgesetzt, die von SAP zusammen mit dem Institut für Wirtschaftsinformatik in Saarbrücken entwickelt wurden (KELLER U.A. 1992; KELLER UND POPP 1995A, S.95; SCHEER 1996A, S.75). Die EPKs werden nicht nur in speziellen Modellierungstools wie z.B. im ARIS-Toolset (JOST 1994, S.78ff) verwendet, sondern auch in betrieblichen Standardsoftwareprodukten wie z.B. im R/3 (SCHEER 1995A, S.78) von SAP eingesetzt. Mit nur wenigen Elementen kann ein Ablauf bzw. Prozeß mit seinen notwendigen formalen Elementen (siehe Punkt 5.1.1) einfach und klar dargestellt werden (KELLER UND POPP 1995B, S.47f). Die einzelnen Modellierungselemente einer ereignisgesteuerten Prozeßkette sind als Übersicht in der Abb. 2 dargestellt.

Die Grundform einer EPK - auch als "schlanke" EPK bezeichnet - besteht aus den Elementen Ereignis, Funktion, Verknüpfungsoperator und dem Kontrollfluß (KELLER 1994, S.482). Eine EPK beginnt immer mit mindestens einem Start-Ereignis und endet mit mindestens einem Ende-Ereignis. Das Ereignis im Sinne eines eingetretenen Zustandes löst als Trigger die Ausführung einer Funktion aus, die als Ergebnis einer Transformation wieder ein Ereignis im Sinne eines Zielzustandes erzeugt. In einer EPK sind die Ereignisse und Funktionen abwechselnd jeweils durch einen Kontrollfluß verbunden. Der Kontrollfluß zwischen Ereignissen und Funktionen bzw. zwischen Funktionen und Ereignissen kann durch drei verschiedene logische Operatoren aufgetrennt und wieder verbunden werden. Im R/3 werden Operatoren mit genau einem Kontrollfluß-Input und mehreren Kontrollfluß-Outputs als Verteiler, und umgekehrt als Verknüpfer bezeichnet, wenn nur genau ein Output bei mehreren Inputs besteht (SAP 1997A, S.2_11). Auf diese Weise können parallele und verzweigte Abläufe modelliert werden (KRCMAR 1997A, S.92). Das Element "Prozeßwegweiser" bietet die Möglichkeit zur horizontalen Verküpfung von Prozeßketten und dient - neben der Möglichkeit der vertikalen Prozeßauflösung - der einfacheren Handhabung und der Übersichtlichkeit bei der Darstellung von langen und komplexen Prozeßketten.

Bezeichnung	Symbol	Definition	Beispiel
Ereignis		Das Ereignis beschreibt das Eingetretensein eines Zustands, der eine Folge bewirkt.	Auftrag ist eingetroffen
Funktion		Die Funktion beschreibt die Transformation von einem Eingangszustand in einen Zielzustand.	Auftrag prüfen
Organisatorische Einheit	System	Die organisatorische Einheit beschreibt die Gliederungsstruktur eines Unternehmens. Im R/3-System ist die organisatorische Einheit eine Systemorganisationseinheit.	Vertriebsorganisation
Informationsobjekt		Ein Informationsobjekt ist eine Abbildung eines Gegenstandes der realen Welt. (z. B. Geschäftsobjekt, Entität)	Kundenauftrag Prüfergebnis
Prozeßwegweiser		Der Prozeßwegweiser zeigt die Verbindung von einem bzw. zu einem anderen Prozeß (Navigationshilfe).	Lieferungsbearbeitung
Verknüpfungsoperator	⊗ ⊗ ⊗	Der Verknüpfungsoperator beschreibt die logischen Verbindungen zwischen Ereignissen und Funktionen.	"XOR", "AND", "OR"
Kontrollfluß	↓	Der Kontrollfluß beschreibt die zeitlich-sachlog. Abhängigkeiten von Ereignissen und Funktionen bzw. Prozessen.	
Informations-/ Materialfluß	⟶ ⟵	Der Informations-/Materialfluß beschreibt, ob von einer Funktion gelesen, geändert oder geschrieben wird.	
Ressourcen-/Organisatorische Einheiten Zuordnung	⟶	Die Ressourcen-/Organisatorische Einheiten Zuordnung beschreibt, welche Einheit (Mitarbeiter) oder Ressource die Funktion bearbeitet.	

Abb. 2: **Elemente einer "Ereignisgesteuerten Prozeßkette"** (aus KELLER UND POPP 1996, S.13)

Neben dieser Grundform der "schlanken EPK" gibt es die "erweiterte EPK (eEPK)", die Verbindungen der Funktionssicht zur Organisationssicht und zur Datensicht aufzeigt (siehe Abb. 3). Das Element "Organisatorische Einheit" zeigt durch die Zuordnung zu einer Funktion auf, welche Stelle im Unternehmen für die Durchführung dieser betrieblichen Aufgabe (Funktion) zuständig ist. Bei der Darstellung der betrieblichen Ablauflogik ist darauf zu achten, daß in der EPK zwischen den Funktionen der "Kontrollfluß" und nicht der

"Informationsfluß" modelliert wird (KELLER 1995, S.56). Der Informationsfluß wird als Kante zwischen einer Funktion und einem Informationsobjekt dargestellt. Das Element "Informationsobjekt" zeigt durch die Zuordnung zu einer Funktion auf, welche Informationen bei der Aufgabendurchführung bearbeitet werden. Dabei wird zwischen eingehenden Informationen (Input) und ausgehenden Informationen (Output) als Ergebnis des Transformationsprozesses unterschieden. Der Informationsfluß stellt die Verbindung zum Unternehmensdatenmodell dar (KRCMAR 1997A, S.94).

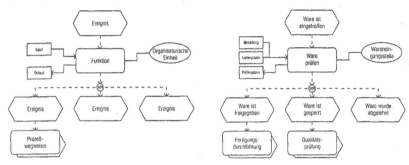

Abb. 3:   Die "erweiterte Ereignisgesteuerte Prozeßkette" in der formalen Struktur und als modelliertes Beispiel im R/3 (aus KELLER UND POPP 1996, S.14)

Für die Modellierung der zeitlich-logischen Abläufe mit der Methode der EPK gilt es einige formale Regeln zu beachten, damit die Modelle konsistent bleiben. Dabei wird unterschieden zwischen *lokalen* Konsistenzkriterien - als Konsistenz einer einzelnen EPK - und *globalen* Konsistenzkriterien - als übergreifende Konsistenz mehrerer EPKs in einem Referenzmodell (KELLER UND TEUFEL 1997A, S.175). Beispiele für lokale Konsistenzkriterien sind Regeln für das Verknüpfen bzw. Verteilen von Kontrollflüssen über Verknüpfungsoperatoren (LANGER U.A. 1997, S.486ff). Nach diesen Regeln dürfen z.B. Kontrollflüsse, die mit dem Operator "XOR" (Exklusiv ODER) als Verteiler aus einem Kontrollfluß enstanden sind, nicht über einen Operator "Λ" (UND-Verknüpfung) wieder vereint werden. Desweiteren darf z.B. ein Operator nicht gleichzeitig mehrere Kontrollfluß-Inputs und mehrere Kontrollfluß-Outputs besitzen. In einem solchen Fall müssen die Ereignisse und Funktionen über zwei aufeinanderfolgende Operatoren verbunden werden. Zuerst muß mit einem "Verknüpfer" genau ein Kontrollfluß erzeugt werden, der anschließend über einen "Verteiler" wieder aufgegliedert werden kann. Als ein Beispiel für globale Konsistenzkriterien wird das Vorhandensein von jeweils korrespondierenden Prozeßwegweisern in der aufrufenden und in der aufgerufenen Prozeßkette genannt (KELLER UND TEUFEL 1997A, S.175).

Im Gegensatz zur syntaktischen Richtigkeit ist die semantische Eindeutigkeit und die inhaltliche Qualität von Modellen weit schwerer bzw. zum Teil nicht zu beurteilen.

Für die Qualität der modellierten EPKs ist es entscheidend, wie die einzelnen Objekttypen
inhaltlich gebildet werden und in welcher Beziehung diese zueinander stehen (JOST UND
MEINHARDT 1994, S.529). In Anlehnung an die generellen Grundsätze ordnungsgemäßer
Buchführung werden zur Modellierung von Informationssystemen insgesamt sechs Gestaltungsempfehlungen als Richtlinien ordnungsgemäßer Modellierung aufgeführt, die teilweise
syntaktischen und teilweise semantischen Charakter haben (BECKER U.A. 1995, S.437ff; siehe
auch ROSEMANN 1996).

Zu den notwendigen Voraussetzungen einer Modellierung von Prozessen zählen die Grundsätze der Richtigkeit, der Relevanz und der Wirtschaftlickeit. Weitere zusätzliche Grundsätze
beziehen sich auf die Vergleichbarkeit, die Klarheit und auf den systematischen Aufbau. Zum
Grundsatz der Vergleichbarkeit von Prozeßmodellen wurden auf Basis der EPK in der ARIS-
Architektur (siehe SCHEER 1992, S.55ff) - ähnlich der Normalisierung im relationalen Daten-
bankmodell - insgesamt vier Normalformen aufgestellt (PRIEMER 1995, S.257-274).

Eine Analyse und Simulation eines mit der Methode EPK modellierten Prozesses kann in
einigen Softwarewerkzeugen - z.B. ARIS-Toolset (AICHELE UND KIRSCH 1995, S.128ff) -
durch Bewertung der Funktionen mit Bearbeitungszeiten und/oder Kostensätzen, sowie der
Kontrollflüsse mit geschätzten Durchlaufzeiten erreicht werden (KRCMAR 1997A, S.94).

5.3 Modellierung und Darstellung von Geschäftsprozessen unter SAP R/3

Im R/3 (SAP 1997F, S.G_24) findet sich folgende Definition für den Begriff Geschäftsprozeß:
"Ein Geschäftsprozeß ist eine zeitlich-logische Folge von Prozessen und Funktionen, die auf
eine externe oder interne Zielgruppe zur Erbringung einer definierten Leistung ausgerichtet
ist". Im R/3 wird dies auf der Ebene des Szenarioprozesses dargestellt (KELLER UND TEUFEL
1997A, S.154; SAP 1997F, S.G-24). Der Begriff "Geschäftsprozeß" wird aber innerhalb bzw.
im Zusammenhang mit R/3 nicht immer eindeutig verwendet. Zum Teil wird der Begriff nur
im allgemeinen Sinn als "betriebswirtschaftlicher Prozeß" verwendet, der je nach Kontext eine
ganz bestimmte Ausprägung auf unterschiedlichster Detaillierungsebene darstellt.

Zur Darstellung der betriebswirtschaftlichen Abläufe in zeitlich-sachlogischer Sicht wird
innerhalb von R/3 die Methode der EPK verwendet. Mit dem Begriff EPK wird zum Teil im
R/3 nur die graphische Darstellung bezeichnet, die komplette zugrundeliegende Funktionalität
eines betriebswirtschaftlichen Prozesses in Form der "erweiterten EPK" wird als "Prozeßmodell" bezeichnet (SAP 1997A, S.2_7).

5.3.1 Szenarioprozeß und Geschäftsprozeß-Baustein

In vertikaler Prozeßaufgliederung findet sich im R/3 eine zweistufige Prozeß-Hierarchie, die Ebene der "Geschäftsprozeß-Bausteine" und darüber die Ebene der "Szenarioprozesse" (SAP 1997A, S.2_13), die beide graphisch in Form von EPKs dargestellt werden.

Die EPK wird im R/3 graphisch ausschließlich in der "schlanken" Form dargestellt, d.h. ohne Organisationseinheiten und ohne Informationsobjekte. Die Verbindungen zur Organisationssicht und zur Datensicht werden durch eine explizite Verzweigung beim Geschäftsprozeß-Baustein in separaten Fenstern tabellarisch aufgezeigt. Als Grund für die separate Objektzuordnung wird von SAP die Vermeidung von Informationsüberladung genannt (SAP 1997A, S.2_10; siehe Abb. 4).

Über die Prozeßwegweiser erfolgt nur eine Verbindung zu anderen vor- oder nachgelagerten EPKs auf der gleichen Hierarchieebene, d.h. über Prozeßwegweiser werden nur Szenarioprozesse mit Szenarioprozessen bzw. Geschäftsprozeß-Bausteine mit Geschäftsprozeß-Bausteinen verbunden. Die vertikale Verbindung von Prozeßketten findet über das Strukturelement "Funktion" der EPK statt, d.h. Geschäftsprozeß-Bausteine werden teilweise graphisch innerhalb eines Szenarioprozesses mit dem gleichen graphischen Symbol wie für die Funktion dargestellt.

Im R/3 werden statt "Geschäftsprozeß-Baustein" synonym die Begriffe "Prozeß" (SAP 1997A, S.2_7) oder "Prozeßbaustein" (KELLER UND TEUFEL 1997A, S.164) verwendet. Zum Teil wird bei der Navigation im R/3 verwirrenderweise sogar von "Funktion" gesprochen, obwohl damit in einem Szenarioprozeß ein Geschäftsprozeß-Baustein gemeint ist. In dieser Arbeit wird durchgängig der Begriff "Geschäftsprozeß-Baustein" verwendet. Als Geschäftsprozeß-Baustein wird von SAP der Detaillierungsgrad eines betriebswirtschaftlichen Ablaufs bezeichnet, der "häufig der Bearbeitung einer Aufgabe eines Sachbearbeiters am Arbeitsplatz entspricht und in der Regel die möglichen Wege innerhalb einer Transaktion aufzeigt" (nach KELLER UND TEUFEL 1997A, S.164). Eine ausführlichere und konkretere Erläuterung findet sich nicht. Beispiele für Geschäftsprozeß-Bausteine sind im Bereich der Beschaffung z.B. die Bestellungsbearbeitung, die Bestellüberwachung oder die Lieferplaneinteilung (Abb. 10).

Im R/3 gibt es über 800 Geschäftsprozeß-Bausteine (KELLER UND POPP 1996, S.12), die miteinander kombiniert werden können. Die Kombinationsmöglichkeiten von EPKs über die Prozeßwegweiser wird innerhalb des R/3 als *Außensicht* oder *externe Struktur* der ereignisgesteuerten Prozeßkette bezeichnet (MEINHARDT UND POPP 1997, S.109; KELLER UND TEUFEL 1997A, S.162).

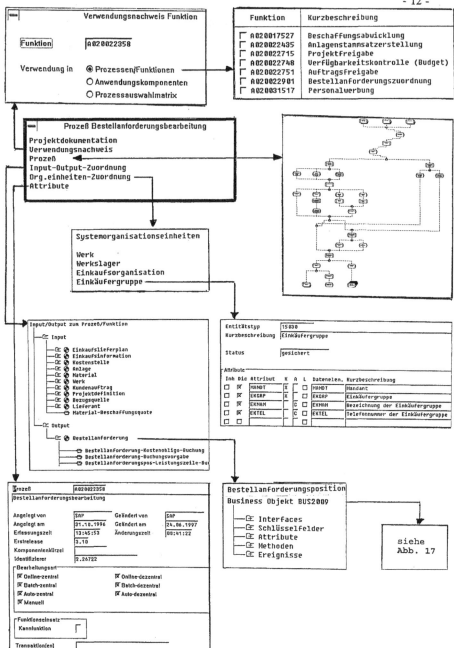

Abb. 4   **Die Darstellung der erweiterten EPK im R/3** (aus SAP R/3 Version 3.1H)

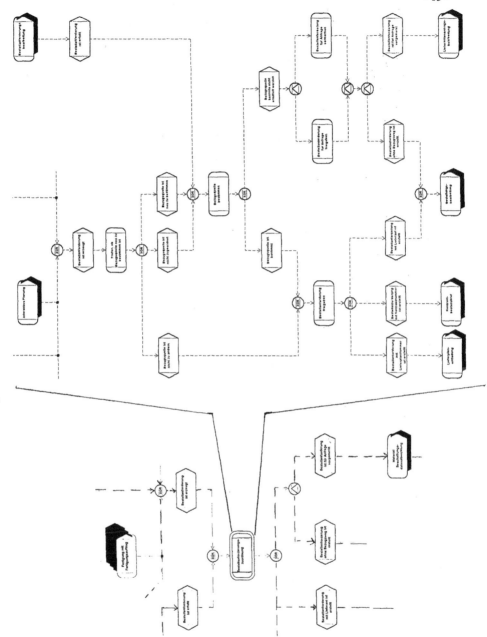

Abb. 5: Ausschnitt aus dem Szenarioprozeß "Beschaffungsabwicklung" (links) und dem Geschäftsprozeß-Baustein "Bestellanforderungszuordnung" (rechts) im R/3 (aus SAP R/3 Version 3.1H)

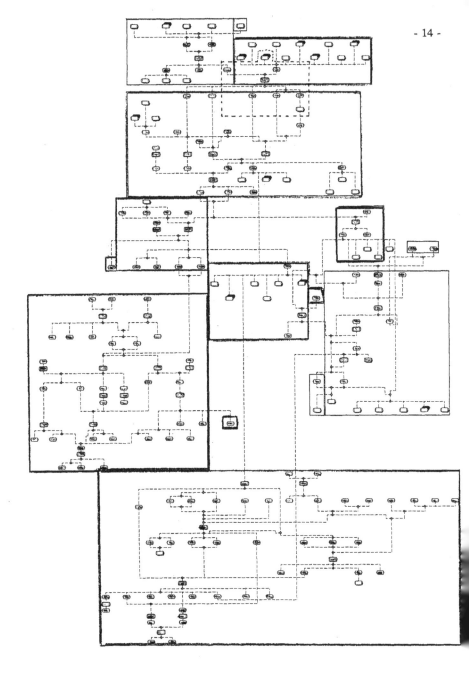

Abb. 6: Szenarioprozeß **"Beschaffungsabwicklung"** in **"vollständiger EPK-Darstellung"** (erweitert nach SAP R/3 Version 3.1H). Nähere Erläuterungen im Text. Symbole laut Abb. 2

Eine betriebswirtschaftlich sinnvolle und einigermaßen abgeschlossene Kombination von mehreren Geschäftsprozeß-Bausteinen, die über Prozeßwegweiser verknüpft sind, wird von SAP als Szenarioprozeß dargestellt. Auch hier finden sich keine exakten Kriterien, nach denen die Szenarioprozesse gebildet werden. Beispiele für Szenarioprozesse sind im Bereich der Beschaffung die "Dienstleistungsabwicklung" oder die "Verbrauchsmaterialbeschaffung" (siehe Abb. 10).

Die vertikale Zusammenfassung von Geschäftsprozeß-Bausteinen zu Szenarioprozessen dient der Reduzierung der Komplexität in der Darstellung. Der Szenarioprozeß zeigt letztendlich in komprimierter Form eine über Prozeßwegweiser verknüpfte Kette von mehreren Geschäftsprozeß-Bausteinen. Diese Zusammenfassung muß aber nicht zwangsläufig immer zu einer einfachen, kurzen und übersichtlichen Darstellung führen. In der Abb. 6 ist deshalb exemplarisch der Szenarioprozeß "Beschaffungsabwicklung" in vollständiger Darstellung als Übersicht auf einer Seite abgebildet. Der in Abb. 5 dargestellte Ausschnitt aus diesem Szenarioprozeß ist mit der *rot gestrichelten Umrandung* markiert.

Zur Übersichtlichkeit und zum einfacheren Zugang wurden deshalb von SAP einzelne Bereiche eines Szenarioprozesses zu disjunkten, betriebswirtschaftlichen Gruppen zusammengefaßt (SAP 1997A, S.3_5). In der Abb. 6 sind die verschiedenen Gruppen durch unterschiedliche farbliche Umrandungen gekennzeichnet. Die Darstellung einer Gruppe in mehreren Rechtecken ist in Abb. 6 darstellungstechnisch durch das graphische Aufbereitungsprogramm bedingt. Es ist aber ausdrücklich darauf hinzuweisen, daß diese Gruppen *keine* eigenständigen EPK´s mit einer weiteren Prozeßebene einer dann dreistufigen vertikalen Prozeßhierarchie bilden. Diese Gruppenbildung dient nur zu einer anderen Sichtweise auf den Szenarioprozeß in einer komprimierteren Form und wird von SAP als "Wertschöpfungsketten-Modell" bezeichnet (SAP 1997A, S.3_5). Das WSK-Modell des Szenarioprozesses zeigt in einfacher Form die betriebswirtschaftliche Zusammenhänge und Abhängigkeiten zwischen den Gruppen auf. Die Abb. 7 zeigt den Szenarioprozeß "Beschaffungsabwicklung" in WSK-Darstellung. Die Gruppen des Szenarioprozesses haben im WSK-Modell und in der EPK-Darstellung in Abb. 6 die gleichen Farben.

Das WSK-Modell weckt sowohl durch den Namen als auch durch die Darstellung mit dem "Chevronsymbol" Assoziationen zur Wertketten-Analyse (value chain analysis) von PORTER (1986). Dort wird zwischen primären und sekundären Aktivitäten unterschieden. Nach dieser Gliederung unterstützen die sekundären Aktivitäten wie z.B. Personalwirtschaft oder Technologieentwicklung die primären Aktivitäten wie z.B. Eingangslogistik oder Kundendienst, die unmittelbar mit der Produktion und Distribution eines Produkts verknüpft sind (STEINMANN

UND SCHREYÖGG 1991, S.111). Jedes Geschäftsfeld hat dabei typische Wertketten, die sich von denen anderer Geschäftsfelder unterscheiden (PORTER 1986, S.67ff). Dieser Punkt trifft als gemeinsames Merkmal auch für die Darstellung eines Szenarioprozesses als WSK-Modell zu. So besteht z.b. die "Dienstleistungsabwicklung" als Variante (zum Begriff "Variante" siehe Punkt 5.3.2) des Szenarioprozesses "Beschaffungsabwicklung" nur aus den Gruppen Bestellanforderung, Einkauf, Leistungserfassung und Rechnungsprüfung.

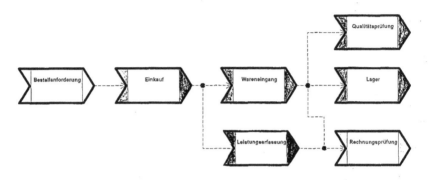

Abb. 7: **Szenarioprozeß "Beschaffungsabwicklung" als WSK-Modell** (verändert nach SAP R/3 Version 3.1H) siehe auch Abb. 6

In der Abb. 8 ist die Variante "Verbrauchsmaterialabwicklung" als WSK-Modell dargestellt. Die Szenarioprozesse sind im R/3 in sogenannte Unternehmensprozeßbereiche gruppiert. Ein Unternehmensprozeßbereich faßt als ein grobes, betriebswirtschaftliches Gliederungskriterium betriebliche Einheiten prozeßorientiert zusammen, die durch "homogene Aufgabenfelder" gekennzeichnet sind (MEINHARDT UND POPP 1997, S.109; SAP 1997A, S.2_15). Zur Verdeutlichung dieser Definition werden von den Autoren z.B. die Bereiche Vertriebslogistik

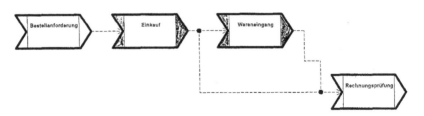

Abb. 8: **Szenarioprozeß "Verbrauchsmaterialbeschaffung" als WSK-Modell** (verändert nach SAP R/3 Version 3.1H)

oder Externes Rechnungswesen genannt. Diese Gruppierung stellt somit *keine* ablauforientiere Verbindung von Szenarioprozessen aus unterschiedlichen Bereichen eines Unternehmens über Prozeßwegweiser dar. Im Unternehmensprozeßbereich werden insbesondere die Standardvarianten zu einem Szenarioprozeß von SAP (siehe Punkt 5.3.2.1) zusammengefaßt.

5.3.2 R/3-Geschäftsprozeß-Varianten

Die im R/3-Referenzprozeßmodell abgebildeten EPKs sind alle im R/3-System realisiert und ablauffähig. Damit ist das von SAP vorgedachte Leistungsvermögen der Software R/3 vollständig beschrieben. Der Nutzen von Referenzmodellen liegt primär darin, daß sich die Erstellung spezifischer Modelle vereinfacht (HARS 1994, S.15).

Je nachdem, wer die Varianten modelliert, können für das R/3 im Grundsatz zwei Klassen unterschieden werden:

(1) R/3-Standardvarianten, die von SAP selbst erstellt wurden und quasi als Teilmenge des Referenzprozeßmodells die branchenspezifischen Referenzprozeßmodelle bilden.

(2) Unternehmensspezifische Prozeßvarianten, die die kundenindividuellen Abläufe dokumentieren.

5.3.2.1 R/3-Standard-Prozeßvarianten

Ausgehend von der vollständigen Beschreibung der zeitlich-sachlogischen Abläufe hat SAP für bestimmte betriebliche Vorgänge einfachere Modellvarianten gebildet. So ist zum Beispiel der Szenarioprozeß "Verbrauchsmaterialabwicklung" eine reduzierte Variante der Grundform "Beschaffungsabwicklung". Die Reduzierung zeigt sich zum einen in weniger Gruppen bei der Darstellung als WSK-Modell (vergleiche Abb. 7 und Abb. 8). In der EPK-Darstellung würde man zudem sehen, daß z.B. in der Gruppe "Einkauf" nicht die kompletten Kontrollflüsse wie in der Grundform vorhanden sind. Der spezielle betriebliche Vorgang ist aber durch die Variante vollständig beschrieben.

Die Bildung von Varianten erfolgt nicht nur auf der Ebene der Szenarioprozesse, sondern in analoger Weise auch für die darunterliegende Ebene der Geschäftsprozeß-Bausteine. Die Möglichkeit zur Variation einer EPK durch Reduktion der Grundform wird auch als *Innensicht* oder innere Struktur einer EPK bezeichnet (KELLER UND TEUFEL 1997A, S.164; MEINHARDT UND POPP 1997, S.109). Für einzelne Funktionen eines Geschäftsprozeß-Bausteines können ebenfalls Varianten vorhanden sein. Diese sind aber aus der graphischen Darstellung als EPK direkt nicht ersichtlich (KELLER UND SCHRÖDER 1996A, S.384).

Der Nutzen der Verwendung von Referenz*daten*modellen als Vorlage bei der Entwicklung von unternehmensspezifischen Datenmodellen kann in geringeren Entwicklungskosten, in kürzeren Entwicklungszeiten, in einer höheren Modellqualität, sowie in einem geringeren "Fehlschlag"-Risiko liegen (HARS 1994, S.32ff). Übertragen auf Referenz*prozeß*modelle kann sich dieser Nutzen für die R/3-Anwender durch Branchen-Referenzprozeßmodelle noch dadurch erhöhen, daß der Anwender nicht selbst branchenfremde Abläufe aus dem Referenz-prozeßmodell wegselektieren muß, sondern vom Hersteller der Software ein gefiltertes und spezifischeres Modell als Referenzvorlage angeboten bekommt.

In einem Branchen-Referenzmodell sind für einen Wirtschaftszweig nur die relevanten Unternehmensprozeßbereiche und darin nur die jeweiligen Szenarioprozeßvarianten zusam-mengefaßt (KELLER UND SCHRÖDER 1996B, S.85). Als Wirtschaftszweige sind neben Handel, Industrie u.a. auch Dienstleistungsgewerbe vorgesehen (MEINHARDT UND POPP 1997, S.109). Entgegen früherer Ankündigungen ist aber in der Version 3.1 als einziger Wirtschaftssektor nur der Bereich "Industrie" abgebildet (SAP 1997A, S.1_3). Das R/3 Referenz-Prozeßmodell inklusive aller Branchenprozeßmodelle ist im R/3-Repository abgelegt (SAP 1997C, S.16; CURRAN UND KELLER 1998).

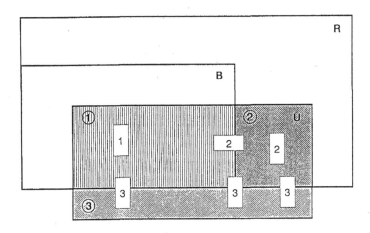

R = Referenzprozessmodell
B = Branchenprozessmodell
U = Unternehmensprozessmodell

Abb. 9: Lösungsraum vom R/3 Referenzmodell und von unternehmensspezifischen Varianten.
Weitere Erläuterung im Text

Das Referenzpozeßmodell ist nicht als *ein* abstraktes und komprimiertes Abbild *eines* Idealunternehmens über alle Unternehmen zu sehen. Andererseits stellt es auch nicht die Summe aller möglichen Abläufe von Unternehmen dar. Es bildet die häufigsten Funktionen von Unternehmen aller Branchen in verschiedenen idealisierten Abläufen ab und stellt den gesamten möglichen Lösungsraum von R/3 in Prozeßketten dar.

Ein Branchen-Referenzprozeßmodell entsteht aus dem R/3-Referenzprozeßmodell allein durch Reduktion (Filterung), d.h. es werden nur Abläufe dargestellt, die auch schon im Referenzprozeßmodell vorhanden sind. Die verschiedenen Branchenreferenzmodelle, die sich zu einem großen Teil überlappen, sind echte Teilmengen des Referenzprozeßmodells (siehe Abb. 9). Die abzubildenden betriebswirtschaftlichen Funktionen sind größtenteils branchenneutral (THOME UND HUFGARD 1996, S.36). Die Szenarioprozesse werden daher in den Branchenreferenzmodellen teilweise redundant abgebildet. Das bedeutet, daß das Referenzprozeßmodell kein komprimiertes Metamodell über alle Branchen-Referenzprozeßmodelle darstellt (SCHRÖDER 1996, S.20ff).

Obwohl im R/3 länderspezifische Besonderheiten und Gesetzesvorgaben im Bereich Personalwesen oder im Bereich Finanzwesen berücksichtigt sind, gibt im Referenzprozeßmodell auf der Ebene der Szenarioprozesse oder der Geschäftsprozeß-Bausteine keine eigenen länderspezifischen Varianten als Länder-Referenzprozeßmodell. Allerdings kann für das Customizing zur Variantenbildung auf Funktionsebene ein länderspezifischer Einführungsleitfaden generiert werden.

5.3.2.2 Modellierung von unternehmensspezifischen Varianten

Im R/3 ist in der Version 3.1 noch keine Modellierungskomponente enthalten, mit der ein Unternehmen individuell eigene Abläufe als EPK zu Dokumentationszwecken neu modellieren kann. Auch eine selektive Anpassung der R/3-Prozeßmodelle durch Reduktion kann nur außerhalb von SAP R/3 erfolgen (SAP 1997A, S.1_4).

Zur Darstellung von Geschäftsprozessen gibt es eine Reihe von Modellierungstools, die meist auch die Methode der EPK beinhalten. Auf dem Markt gibt es derzeit drei Tools, die zusätzlich das R/3-Referenzmodell integriert in ihrer Datenbank beinhalten, und so eine Neumodellierung bzw. Änderung auf Basis der R/3-Prozesse ermöglichen (CURRAN 1997, S.37f). Ein Reimport der Kundenmodelle in das R/3 ist möglich, wenn diese nach den Vorgaben von SAP (SAP 1996A, S.52ff) modelliert wurden. Diese kundenindividuellen Modelle dienen jedoch nur der Dokumentation eines Soll-Konzepts und haben keine Auswirkung auf das Customizing (Parametereinstellung) und die Programmsteuerung im R/3 (SAP 1997L). Die unternehmensindividuelle Feineinstellung des R/3 auf Funktionsebene im Rahmen des Customizing kann ein zeit- und kostenintensives, sowie komplexes Verfahren sein und setzt tiefere Kenntnis von den Beziehungen innerhalb der Standsoftware voraus. Der Einsatz von wissensbasierten Parameterassistenten kann dies vereinfachen (BOLD U.A. 1997, S.55ff). In R/3 soll es ab der Version 4.0 mit dem wissensbasierten Werkzeug "R/3 Business Engineer" möglich sein, die R/3-Prozeßmodelle fragengestüzt im R/3 zu reduzieren (SAP 1997L, SAP1997C, S.7ff). Das Unternehmensprozeßmodell ist idealerweise als Variante eine Teilmenge des Branchenreferenzmodells (Prozesse mit Nr. 1 in Abb. 9). Deckt sich das Unternehmensprozeßmodell nicht mit dem Branchenreferenzprozeßmodell, so kann die Variantenbildung in bezug auf den gesamten Lösungsraum des R/3 erfolgen (Prozesse mit Nr. 2. in Abb.9) . Erst wenn die unternehmensspezifischen Prozesse sich ganz oder teilweise außerhalb des Lösungsraums des Referenzmodells bewegen (Prozesse mit Nr. 3 in Abb. 9) sind Modifikationen oder Erweiterungen der Standardsoftware erforderlich. Unter Punkt 5.4 sind verschiedene Vorgehensweisen zur prozeßorientierten Einführung von R/3 aufgeführt.

5.3.3 Anzeige und Navigation im Referenzmodell

In Versionen vor 3.0 konnte das betriebswirtschaftliche Referenzmodell nur außerhalb von R/3 mit dem PC-Tool "SAP R/3-Analyser" (siehe KELLER UND MEINHARDT 1994) angezeigt werden. Aufgrund technischer Weiterentwicklungen vor allem im Client/Server-Bereich wird erstmals mit der Version 3.0 von SAP mit dem "Business Navigator" ein in R/3 integriertes Werkzeug angeboten, das den "Medienbruch zwischen Modellierungswerkzeug und Anwendungssystem" (MEINHARDT UND POPP 1997, S.105) überwindet und mit dem in der Anwendung das R/3-Referenzprozeßmodell angezeigt werden kann (SAP 1997A, S.3_1ff).

In der Version 3.1H hat man noch beim Aufruf des Business Navigator die Möglichkeit zwischen dem bisherigen Referenzmodell der Version 3.0 und dem der Version 3.1 zu wählen (SAP 1997E). Der Hauptunterschied der beiden Modelle besteht darin, daß die Szenarioprozesse im zukünftigem Modell industriespezifisch gestaltet werden (SAP 1997Q). Die folgenden Ausführungen beziehen sich auf das Referenzmodell der Version 3.1 als zukünftigem Standard von SAP.

Die Prozeßmodelle können im Business Navigator aus zwei unterschiedlichen Blickwinkeln wahlweise in der Komponentenhierarchie (siehe Punkt 5.3.3.2) oder in der Prozeßhierarchie (siehe Punkt 5.3.3.1) angezeigt werden. Gemeinsames Element auf der jeweils unteren Ebene der beiden Sichten ist der Geschäftsprozeß-Baustein mit den zugeordneten Funktionen (vergleiche Abb. 10 und Abb.12).

5.3.3.1 Prozeßhierarchie des R/3-Referenzprozeßmodells

Die Prozeßhierarchie - oder synonym die Prozeßstruktur - stellt die ablauforientierte Sicht auf die Funktionalität des Systems R/3 dar (SAP 1997A, S.2_14). In der Abb. 10 ist ein Ausschnitt aus dem industriespezifischen Referenzprozeßmodell dargestellt.

Ausgehend von einem Geschäftsprozeß-Baustein kann zu den anderen Elementen der erweiterten EPK verzweigt werden (siehe Abb. 4).

Sowohl der Szenarioprozeß als auch der Geschäftsprozeß-Baustein können im R/3 in zwei verschiedenen Formen der EPK-Darstellung angezeigt werden (SAP 1997A, S.3_17).

(1) In der *generierten* EPK-Darstellung" wird nur ein Ausschnitt aus der vollständigen EPK-Darstellung angezeigt. Dies entspricht dem betriebswirtschaftlich relevanten Bereich einer Variante.

(2) In der *vollständigen* EPK-Darstellung wird ein Szenarioprozeß bzw. Geschäftsprozeß-Baustein in seiner kompletten Grundform angezeigt (siehe Abb. 6).

5.3.3.2 Komponentenhierarchie des R/3-Referenzprozeßmodells

Die Komponentenhierarchie stellt eine funktionsorientierte Sicht auf die Prozesse und Funktionen des R/3-Systems dar (SAP 1997A, S.2_14).

Die Gliederung der Komponentenhierarchie ist maximal dreistufig (siehe Abb. 10 und Abb. 11). Die oberste Ebene entspricht den Anwendungen im R/3, d.h. z.B. Materialwirtschaft, Finanzwesen oder Vertrieb. Die weiteren Ebenen sind das Ergebnis der funktionalen Dekomposition.

In der Komponentenhierarchie werden ab der Version 3.1 nur Geschäftsprozeß-Bausteine nicht aber die Szenarioprozesse angezeigt. Die Szenarioprozesse können wegen ihrer übergreifenden ablauforientierten Sicht nicht eindeutig einer Anwendungskomponente zugeordnet werden. Die Geschäftsprozeß-Bausteine werden aufgrund der eher systemtechnischen Sicht der Komponentenhierarchie nur in der Grundform - d.h in "vollständiger" EPK-Darstellung - und nicht zusätzlich in ihren möglichen Varianten - d.h. als "generierte" EPKs - dargestellt. Die Geschäftsprozeß-Bausteine und deren zugeordnete Funktionen sind nur auf der untersten Ebene der Komponentenhierarchie vorhanden.

In der Komponentenstruktur können auch die zusätzlichen Elemente der "erweiterten EPK" aufgerufen werden - das Informationsobjekt mit dem Informationsfluß von bzw. zur Funktion und die Organisationseinheit mit Zuordnung (siehe Abb. 4).

Referenzmodell 3.1

— Produktentwicklung und Marketing
— Logistik Planung
— Beschaffung

    — Interne Beschaffung
    — Verbrauchsmaterialbeschaffung

        — Bestellanforderung

           — Bestellanforderungsbearbeitung

               — Einkaufsbelegart auswählen
               — Bestellanforderungspositionstyp auswählen
               — Bestellanforderungskontierungstyp bestimmen
               — Material erfassen
               — Warengruppe und Materialbezeichnung für Bestellanforderung erfasse
               — Komponenten erfassen
               — Komponenten aus Stückliste übernehmen
               — Bestellanforderungskontierungsdaten erfassen
               — Bestellanforderungspositionsdetaildaten erfassen
               — Bestellanforderung überwachen

        — Einkauf

           — Bestellanforderungszuordnung
           — Bestätigungs-/Lieferavisbearbeitung
           — Lieferplaneinteilung
           — Kontraktbestellabruf
           — Bestellungsbearbeitung
           — Bestellüberwachung

        — Wareneingang
        — Rechnungsprüfung

    — Vorratsmaterialbeschaffung
    — Dienstleistungsbeschaffung
    — Lieferplanbeschaffung (Zulieferindustrie)
    — Material Beschaffungsdatenabwicklung
    — Beschaffungsdatenabwicklung für Interne Beschaffung
    — Dienstleistung Beschaffungsdatenabwicklung
    — Lieferplan Beschaffungsdatenabwicklung (Zulieferindustrie)

— Produktion
— Vertrieb
— Erlös- und Kostencontrolling
— Anlagenmanagement
— Externes Rechnungswesen
— Finanzmanagement
— Customer Service

Funktion ▣

Geschäftsprozeß-Baustein ⁝

Gruppe eines Szenarioprozesses

Szenarioprozeß ▭

Unternehmenprozeßbereich

Wirtschaftszweig

Abb. 10: **Teil der Prozeßhierarchie** (verändert und erweitert nach Originalausschnitt aus dem System SAP R/3 Version 3.1H)

Zur Zeit ist kein Komponentenfilter gesetzt.

```
SAP-R/3          Anwendungskomponenten

      ┌Œ CA          Anwendungsübergreifende Komponenten
      ├Œ FI          Finanzwesen
      ├Œ TR          Treasury
      ├Œ CO          Controlling
      ├Œ IM          Investitionsmanagement
      ├Œ EC          Unternehmenscontrolling
      ├Œ LO          Logistik Allgemein
      ├Œ SD          Vertrieb
      └Œ MM          Materialwirtschaft

          ┌Œ MM-CBP       Verbrauchsgesteuerte Disposition
          └Œ MM-PUR       Einkauf

              ┌Œ MM-PUR-GF    Grundfunktionen
              ├Œ MM-PUR-VM    Lieferant / Materialbeziehung und Konditionen
              ├Œ MM-PUR-SQ    Bezugsquellen
              ├Œ MM-PUR-RFQ   Lieferantenanfrage / -angebot
              ├Œ MM-PUR-OA    Lieferantenrahmenverträge
              ├Œ MM-PUR-REQ   Bestellanforderungen

                  ┌□ ‡ Bestellanforderungsbearbeitung

                      ├■ Einkaufsbelegart auswählen

                      ├■ Bestellanforderungspositionstyp auswählen
                      ├■ Bestellanforderungskontierungstyp bestimmen
                      ├■ Konsignationsmaterial erfassen
                      ├■ Material erfassen
                      ├■ Dienstleistung und Warengruppe erfassen
                      ├■ Warengruppe und Materialbezeichnung für Bestellanforderung erfassen
                      ├■ Komponenten erfassen
                      ├■ Komponenten aus Stückliste übernehmen
                      ├■ Dienstleistung gliedern
                      ├■ Positionsinhalt festlegen
                      ├■ Limits für ungeplante Leistungen erfassen
                      ├■ Zu bestellende Leistung erfassen
                      ├■ Konditionen für Leistung erfassen
                      ├■ Bestellanforderungskontierungsdaten erfassen
                      ├■ Bestellanforderungspositionsdetaildaten erfassen
                      └■ Bestellanforderung überwachen

                  └Œ ‡ Bestellanforderungszuordnung

              ┌Œ MM-PUR-PO    Bestellungen
              └Œ MM-PUR-ES    Dienstleistungsabwicklung

          ┌Œ MM-IM         Bestandsführung
          ├Œ MM-WM         Lagerverwaltung
          ├Œ MM-IV         Rechnungsprüfung
          └Œ MM-IS         Informationssystem

                                    Funktion              ■
                                    Geschäftsprozeß-Baustein     ‡
                                    Anwendungs-Komponente Ebene 3
                                    Anwendungs-Komponente Ebene 2
                                    Anwendungs-Komponente Ebene 1
```

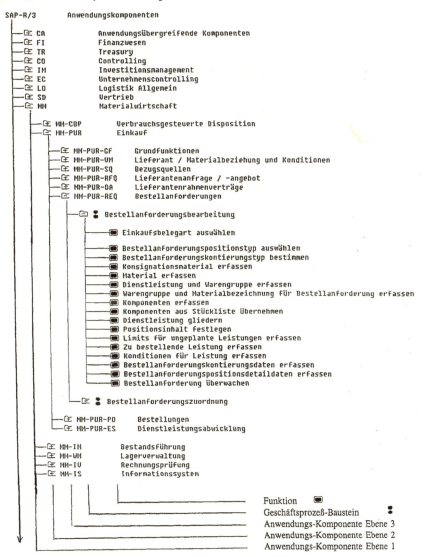

Abb. 11:   **Teil der Komponentenhierarchie im R/3** (verändert und erweitert nach Originalausschnitt aus
dem System SAP R/3 Version 3.1H)

In der Übersichtsanzeige der Komponentenstruktur (siehe Abb. 11) kann als Ikone *alternativ* nur eine der drei Objekte Organisationseinheit, Business-Objekt oder Geschäftsprozeß-Baustein eingeblendet werden. Es kann aber jederzeit zu den anderen Elementen weiter navigiert werden.

In der Komponentenhierarchie kann die Informationsmenge und damit die Komplexität der Anzeige vermindert werden. Wenn im Customizing aus dem SAP-Standard-Einführungs-leitfaden (Implementation Guide = IMG) zuvor ein Unternehmens-IMG bzw. ein Projekt-IMG generiert wurde, so können über einen Unternehmensfilter bzw. Projektfilter nur die relevanten Komponenten angezeigt werden (SAP 1997A, S.3_4). Setzt ein Unternehmen z.B. nur die Anwendungen Materialwirtschaft und Anlagenwirtschaft als Teil der Finanzbuch-haltung ein, so können nur diese Komponenten im Unternehmens-IMG generiert werden.

5.3.4 Verteilte Geschäftsprozesse über ALE (Application Link Enabling)

"Mit dem R/3-Release 3.0 liefert SAP die richtungsweisende ALE-Initiative (Application Link Enabling) für *verteilte Geschäftsprozesse* zwischen unterschiedlichen Systemen aus." (SAP 1996C, S.5). Wie ist das ALE-Konzept von SAP bei der Modellierung von Geschäftsprozes-sen einzuordnen?

Die rein betriebswirtschaftliche Modellierung von Geschäftsprozessen erfolgt in einem ersten Ansatz oft unabhängig von den Ressourcen. Erst in einem weiteren Schritt wird auf sogenann-te "Medienbrüche" - vor allem bei der Analyse von IST-Prozessen - als Ansatzpunkt zur Optimierung von Geschäftsprozessen geachtet. Mit dem ALE-Konzept wird von SAP bewußt ein Medienbruch gestaltet und unter Beibehaltung einer logischen betriebswirtschaftlichen Gesamtsicht ein zentrales "SAP-System" in mehrere "SAP-Systeme" aufgesplittet. Die Gründe für die technische Aufsplittung (SAP 1997K, S.1_3) waren u.a. Probleme beim Releasewech-sel, unterschiedliche Zeitzonen bei weltweit agierenden Konzernen und zu hohe Antwortzeiten bei flächendeckendem Einsatz.

Der konsistente Datenaustausch im ALE-Konzept erfolgt - exakt ausgedrückt - zwischen zwei oder mehreren "Logischen Systemen" (SAP 1997K, S.1_1ff), die je einem R/3 Mandanten entsprechen. Nach primärer ALE-Zielsetzung befinden sich die "Logischen Systeme" in unter-schiedlichen R/3-Systemen und zudem auch auf unterschiedlichen Rechnern. Als Sonderfall können es aber auch nur unterschiedliche Mandanten *eines* R/3-Systems sein.

Technisch basiert ALE auf einem asynchronen Datenaustausch mittels RFC (Remote Function Call) über IDoc´s (Intermediate Documents) als neutrale Datencontainer und - im Unterschied zu verteilten Datenbanken - auf "einer replizierten und damit redundanten Datenhaltung" (SAP

1996c, S.15 und S.9). Teilweise wird ALE auch in den Bereich der "Middleware" eingeordnet (RIEHM UND VOGLER 1997, S.98-107).

SAP bietet in einem Verteilungsreferenzmodell verschiedene betriebswirtschaftliche Szenarien an, deren konsistente Verteilung über mehrere "Logische Systeme" auch bei Releasewechseln gewährleistet ist (SAP 1997K, S.2_1ff). Mit den von SAP im Verteilungsreferenzmodells angebotenen Szenarien hat der Kunde die Möglichkeit - ohne Kenntnis von technischen Details der Verteilung - auf einer "betriebswirtschaftlichen" Ebene mehrere R/3-Systeme unter einer betriebswirtschaftlichen Gesamtsicht zu integrieren. Die kundenspezifische "Modellierung" der Verteilung kann durch eine customizing-gestütze Tabellenpflege innerhalb von R/3 oder mit graphischer Unterstützung im mitgelieferten PC-Tool "Organizational Architect" und anschließendem "Upload" ins R/3 erfolgen (SAP 1997K ,S.2_6 und S.1_6). Es handelt sich letztlich um die Festlegung der Informationsflüsse zwischen ablauforientierten Organisationseinheiten.

Im Rahmen des ALE erfolgt somit keine Modellierung von Geschäftsprozessen, sondern nur eine Informationsfluß-Darstellung der verteilten Ausführung von R/3-Geschäftsprozessen über mehrere Mandanten. In der graphischen Darstellung der R/3-Prozesse mittels der EPK in der Prozeßsicht des R/3-Referenzmodells werden die ALE-Szenarien nicht dargestellt. Lediglich ein beschreibendes Attribut bei der Funktion (bzw. Prozeß) verweist auf die "ALE-Relevanz", wobei aber nicht ersichtlich ist, wie dieses Merkmal tatsächlich genutzt wird.

Eine unabdingbare Voraussetzung für die konsistente mandantenübergreifende Verteilung mittels ALE ist ein logisches betriebswirtschaftliches Gesamtmodell bezüglich der verteilten und auch der indirekt abhängigen Daten (GEHRING U.A. 1996, S.60ff). Das Prinzip des logischen Gesamtmodells oder auch des Unternehmensmodells gilt aber grundsätzlich für jede Kopplung von Anwendungssystemen. Beim Einsatz von verteilten Systemen und Anwendungen besteht das Hauptproblem nicht in der Nutzung der Technologie sondern in der "Definition der globalen und gemeinsamen Geschäftsprozesse" (ÖSTERLE UND FLEISCH 1998, S.85).

5.4 Vorgangsmodelle zur geschäftsprozeßorientierten Einführung von SAP R/3

Standen bei der Einführung von Standardsoftware früher vor allem der funktionsorientierte und datenmäßige Abgleich der betriebswirtschaftlichen Leistungsfähigkeit der Standardsoftware mit den unternehmensspezifischen Anforderungen im Vordergrund, so geht es heutzutage um einen prozeßorientierten Vergleich (SCHAEFER UND BRECHTEZENDE 1997, S.188). Bei einer geschäftsprozeßorientierten Einführung von R/3 oder anderen ERP-Systemen besteht das Hauptziel nicht darin, die bestehenden Ist-Prozesse unverändert abzubilden (LENZER 1995,

S.60). Eine "unabdingbare" Voraussetzung bei der Einführung von R/3 in einem Unternehmen sind daher klare und eindeutige Vorgaben durch das Management über das Ziel und die Verbesserungen, die erreicht werden sollen (MEINHARDT UND TEUFEL 1995, S.77).

Die verschiedenen Vorgehensweisen können grundsätzlich danach klassifiziert werden, ob die Standardsoftware nach einer Geschäftsprozeßoptimierung (GPO), parallel zu einer GPO oder ohne GPO eingeführt wird (SCHEER UND JOST 1996, S.42ff). Die meisten Vorgangsmodelle gehen von einer vorausgegangenen betriebswirtschaftlichen Zielfestlegung und Optimierung der Abläufe aus. Ein Beispiel hierfür ist auf Basis der ARIS-Architektur das mehrstufige GES-Phasenkonzept, das strategische, taktische und operative Einführungsmethoden kombiniert (KIRCHMER 1996, S.47 und S.73-212).

Die Phasen der Anforderungsanalyse vor dem Abgleich und vor der eigentlichen Geschäftsprozeß-Modellierung im R/3 können mit Werkzeugen zur computergestützten Gruppenarbeit durchgeführt werden, um die Komplexität der Einführung integrierter Standardsoftware wie R/3 beherrschbarer zu machen (siehe z.B. SCHWARZER UND KRCMAR 1995, S.291ff).

5.4.1 R/3-Vorgangsmodell von SAP

SAP unterstützt die eigentliche System-Einführung von R/3 durch ein integriertes Vorgehensmodell, das sich in die vier Phasen Organisation und Konzeption, Detaillierung und Realisierung, Produktionsvorbereitung sowie Produktivbetrieb gliedert (MEINHARDT UND SÄNGER 1996, S.105). Zuvor gilt es im Rahmen einer Anforderungsanalyse festzustellen, wie die im R/3 abgebildete Funktionalität die unternehmensspezifischen Geschäftsprozesse und die Unternehmensstruktur unterstützen kann (MEINHARDT 1995, S.490ff). Idealerweise erfolgt dieser Abgleich vor der Entscheidung für den Einsatz der Standardsoftware R/3. Dieses Vorgehensmodell wurde für 3.0 entwickelt und gilt im Prinzip auch für die Version 3.1.

Für diesen Abgleich und die Umsetzung beschreiben MEINHARDT UND POPP (1997, S.111ff) insgesamt vier Selektions- und Reduktionsstufen in Top-Down-Richtung bei der Einführung von R/3, die sich letztlich an der Gliederung der Prozeßsicht des R/3-Referenzprozeßmodells (ab der Version 3.1) orientieren. Es geht zum einen um den Abgleich und zum anderen um die Umsetzung der unternehmensspezifischen Prozeßmodelle. Dieses Verfahren enthält also zum einen Punkte der Anforderungsanalyse und sowie Punkte der Implementierung, die auch im Vorgehensmodell zur Einführung enthalten sind.

(1) In der ersten Stufe erfolgt die Identifikation und Selektion der Szenarioprozesse. Hierzu werden für einen Wirtschaftszweig die erforderlichen Unternehmensprozeßbereiche untersucht.

(2) Die unternehmensspezifische Konfiguration der Szenarioprozesse erfolgt durch Aus- bzw. Abwahl einiger Geschäftsprozeß-Bausteine - d.h. Variantenbildung - in einer zweiten Stufe.

(3) Die unternehmensspezifische Konfiguration der Geschäftsprozeß-Bausteine erfolgt durch Aus- bzw. Abwahl einiger Funktionen - d.h. Variantenbildung - in einer dritten Stufe.

(4) Auf der letzten Stufe werden dann die Funktionsvarianten gebildet.

5.4.2 Iteratives Prozeß-Prototyping (IPP)

Die Methode des "Iterativen Prozeß-Prototypings (IPP)" besteht im Kern darin, die vielfältigen Navigationsmöglichkeiten im R/3 bei der unternehmensspezifischen Analyse und Konfiguration der R/3-Geschäftsprozeß-Bausteine iterativ und vernetzt zu nutzen (KELLER UND TEUFEL 1997A, S.177-281). Die Methode IPP stützt sich auf insgesamt sechs Grundelemente (siehe Abb. 12), die zum Teil mehr einer betriebswirtschaftlichen Ebene und zum anderen Teil mehr einer systemtechnischen Ebene zuzuordnen sind (KELLER UND TEUFEL 1997B, S.13). Mit dem Ziel machbare, unternehmensspezifische Geschäftsprozesse im R/3 zu finden, werden in diesem Zusammenhang meistens die Verbindungen von bzw. zum R/3-Referenzprozeßmodell benötigt (KELLER UND TEUFEL 1997A, S.280).

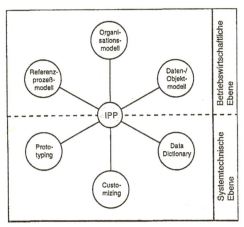

Abb. 12:   **Netzwerkartige Navigation im Iterativen Prozeß-Prototyping** (aus KELLER UND TEUFEL 1997A, S.214)

Durch die "vernetzte Navigation" steht die Methode des IPP in Beziehung zum Ansatz des "Systemischen Denkens". Beim Systemischen Denken geht es um die Untersuchung einer die

Systemelemente verbindenden Struktur und um die Ableitung von Beziehungsmustern in einem System, um komplexe Zusammenhänge verstehen und handhaben zu können (BERNING-HAUS UND BOGDANY 1997, S.55).

Die Methode des IPP wurde von KELLER UND TEUFEL als ein Einzelschritt in den Rahmen eines IPP-Workshops zur prozeßorientierten Einführung von R/3 im Unternehmen eingebettet. Ein IPP-Workshop (KELLER UND TEUFEL 1997A, S.245ff) besteht aus insgesamt sechs Schritten (siehe Abb. 13).

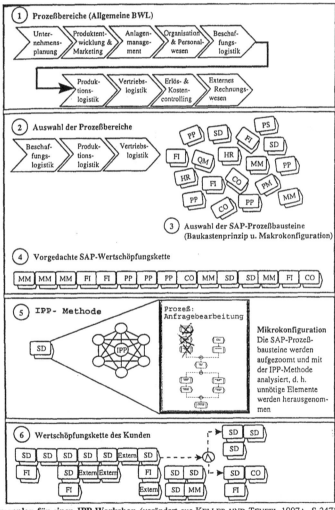

Abb.13: **Rahmenplan für einen IPP-Workshop** (verändert aus KELLER UND TEUFEL 1997A, S.247)

Da die Methode des IPP umfassende Kenntnisse des R/3 erfordert, ist für einen effizienten IPP-Workshop die Unterstützung durch einen R/3-Berater sinnvoll:

(1) In einem ersten Schritt (KELLER UND TEUFEL 1997A, S.248ff) müssen im Rahmen einer Geschäftsfeldanalyse von einem R/3-Berater die Kundenanforderungen aufgenommen und in Beziehung zum Lösungsraum des R/3 gesetzt werden. Als Basis auf dieser Ebene dienen die Unternehmensprozeßbereiche des R/3-Referenzprozeßmodells. Inwieweit die Branchen-Referenzmodelle genutzt werden können, wird an dieser Stelle nicht ausgeführt. Es ist zu beachten, daß mit dem Chevronsymbol von den Autoren in Abb. 13 ein Unternehmensprozeßbereich dargestellt wird und nicht mit der symbolgleichen Darstellung der Gruppe eines Szenarioprozesses im WSK-Modell (siehe Abb. 7 und Abb. 8) verwechselt werden darf.

(2) In einem zweiten Schritt (KELLER UND TEUFEL 1997A, S.259) werden aus den Unternehmensprozeßbereichen des R/3 die für das Unternehmen relevanten Bereiche selektiert.

(3) Im dritten Schritt (KELLER UND TEUFEL 1997A, S.259f) werden die relevanten Geschäftsprozeß-Bausteine selektiert. Nach Ansicht der Autoren (KELLER UND TEUFEL 1997A, S.260) "verkörpern in der Phase der Prozeßbausteinauswahl die selektierten R/3-Referenzprozesse noch die maximal mögliche Funktionalität und Prozeßalternativen". Daraus ist an dieser Stelle zu schließen, daß als Basis nicht die Varianten eines Branchen-Referenzprozeßmodells verwendet werden sollen.

(4) Im vierten Schritt (KELLER UND TEUFEL 1997A, S.260) werden die ausgewählten Geschäftsprozeß-Bausteine - über die Prozeßwegweiser im R/3 praktisch vorgegeben - grob zur provisorischen "Vorgedachten SAP-Wertschöpfungskette" aneinandergereiht. Die einzelnen Geschäftsprozeß-Bausteine werden in Abb. 13 mit dem Symbol "Prozeßwegweiser" dargestellt. Der verwendete Begriff "Wertschöpfungskette" für die Kette von Geschäftsprozeß-Bausteinen darf an dieser Stelle nicht mißverstanden werden und ist von der "Wertschöpfungsketten"-Darstellung eines Szenarioprozesses streng zu unterscheiden.

(5) Im fünften Schritt (KELLER UND TEUFEL 1997A, S.261ff) werden die selektierten Geschäftsprozeß-Bausteine mit der eigentlichen Methode des IPP analysiert und unnötige Elemente "auf dem Papier" herausgenommen. Besonderheiten zu einzelnen Funktionen eines Geschäftsprozeß-Bausteines werden in besonderen Dokumenten (Textverarbeitung) festgehalten.

(6) Im sechsten und letzten Schritt (KELLER UND TEUFEL 1997A, S.280f) werden dann die analysierten und unternehmensspezifisch konfigurierten Geschäftsprozeßbausteine zusammen mit externen Bausteinen für Funktionen, die nicht in R/3 abgewickelt werden

können, in der "Wertschöpfungskette des Kunden" festgehalten. Es ist aber nicht ganz verständlich, wieso die "Vorgedachte SAP-Wertschöpfungskette" linear sein muß bzw. wie aus einer linearen "SAP-Wertschöpfungskette" eine vernetzte und teilweise parallele "Kunden-Wertschöpfungskette" enstehen kann (siehe Abb. 13).

Die Methode des IPP stellt ein gutes Werkzeug dar, um die Funktionalität des R/3-Systems auf der Ebene der Geschäftsprozeß-Bausteine zu analysieren. Die Methode des IPP kann nicht nur im Rahmen des skizzierten IPP-Workshops, sondern auch als Detailschritt in anderen Vorgangsmodellen eingesetzt werden. Der 5. Schritt des IPP-Workshops entspricht im Prinzip der 3. Selektions- und Reduktionsstufe der von MEINHARDT UND POPP (1997, S.115) skizzierten unternehmensspezifischen Geschäftsprozeß-Konfiguration.

6 Workflow-Modellierung

In diesem Kapitel werden nach einer Definition und Abgrenzung von Begriffen im Zusammenhang mit Workflow-Management-Systemen (WfMS) verschiedene allgemeine Aspekte einer Workflow-Sprache vorgestellt. Anschließend wird der allgemeine Aufbau eines WfMS und die Architektur der Workflow Management Coalition erörtert. Die Beschreibung und Einordnung des Produkts SAP Business Workflow erfolgt dann anhand dieser Definitionen und Kriterien.

6.1 Begriffsdefinition, Abgrenzung und Klassifikation

Die Begriffe im Zusammenhang mit der Modellierung von Workflows werden in der Literatur unterschiedlich verwendet und definiert (siehe z.B. Heilmann 1994, S.10ff, Becker 1996, Vogler 1996, S.344ff). Eine entwicklungsbegleitende Normung erfolgt durch das Deutsche Institut für Normung (DIN 1996). Im Rahmen dieser Arbeit wird die Terminologie des Arbeitskreises "Modellierung und Ausführung von Workflow" der Gesellschaft für Informatik (in BÖHM U.A. 1997, S.67-74, bzw. Glossar in JABLONSKI U.A. 1997, S.485ff) verwendet. Die Zusammenhänge zwischen den Begriffen sind in Abb. 14 als Übersicht dargestellt.

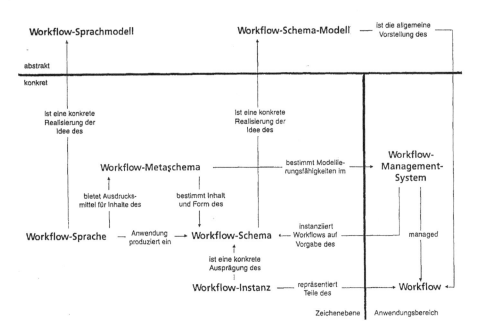

Abb. 14: **Begriffe bei der Modellierung von Workflows** (Abb. verändert aus BÖHM U.A. 1997, S.74)

Die Begriffe können einer abstrakten Modellebene oder einer konkreten Darstellungsebene zugeordnet werden. Letztere kann in eine Anwendungsebene als konkrete, physische Ausführungsebene und in eine Zeichenebene als sprachliche Darstellungsebene unterteilt werden (JABLONSKI UND ORTNER 1997, S.24f). Ein realer Arbeitsvorgang, der auch durch einen Geschäftsprozeß oder als Teil davon beschrieben sein kann, wird als *Workflow* bezeichnet, wenn die einzelnen Arbeitsschritte des Vorgangs für eine Ausführung formuliert sind und aktiv durch ein WfMS gesteuert werden (BÖHM U.A. 1997, S.68; JABLONSKI UND ORTNER 1997, S.24). Ein einzelner Arbeitsschritt eines Workflows kann wieder ein eigener (Sub-)Workflow sein.

Als *Workflow-Schema-Modell* wird dagegen die allgemeine Beschreibung des Verfahrens auf abstrakter Ebene definiert. Die konkrete Ausprägung eines Workflow-Schema-Modells stellt dann auf der Darstellungsebene das Workflow-Schema dar. (JABLONSKI U.A. 1997, S.492). Für eine Steuerung von Workflows durch ein WfMS ist die Formulierung der Aufgabe im Workflow-Schema-Modell nicht geeignet (BÖHM U.A. 1997, S.69).

Das mit exakten Begriffen in einer speziellen Workflow-Sprache beschriebene Abbild eines Workflows auf Zeichenebene ist das *Workflow-Schema*. Erst durch diese exakte widerspruchsfreie und modellhafte Beschreibung als formale Arbeitsanweisung kann ein WfMS auf Anwendungsebene Workflows steuern und managen (BÖHM U.A. 1997, S.68f).

Ein Workflow-Schema kann in unterschiedlichen *Workflow-Sprachen* formuliert werden. Workflow-Sprachen sind Sprachen, die von einem WfMS interpretiert werden können. Die verschiedenen Aspekte einer formalen Workflow-Sprache sind unter Punkt 6.2 näher ausgeführt. Eine Workflow-Sprache ist wiederum die konkrete Ausprägung eines *Workflow-Sprachmodells* (JABLONSKI U.A. 1997, S.493). Zum Teil werden die verschiedenen Workflow-Sprachmodelle der WfMS auch zur klassifizierenden Bewertung der Systeme verwendet (BÖHM U.A. 1997, S.78).

Die prinzipiellen Ausdrucksmöglichkeiten mit einer Workflow-Sprache werden formal durch ein *Workflow-Metaschema* dargestellt. Jedes Workflow-Schema ist die konkrete Ausprägung eines Workflow-Metaschemas, das die gemeinsamen Eigenschaften aller Workflow-Schemata beschreibt (BÖHM U.A. 1997, S.72f). Die Hersteller von WfMS veröffentlichen das zugehörige Workflow-Metaschema meist nicht oder nur teilweise (BÖHM U.A. 1997, S.73). Eine Bewertung und ein Vergleich des Leistungsvermögens verschiedener WfMS ist daher nicht möglich. Zudem erschwert diese Tatsache auch die Standardisierung.

Die Laufzeitkomponente eines WfMS erzeugt aus dem formuliertem Workflow-Schema zur Ausführungszeit eine *Workflow-Instanz*. Diese stellt eine konkrete Ausprägung des Workflow-

Schemas dar. Ein Workflow in der Realwelt kann auch Teilarbeitsschritte enthalten, die manuelle Tätigkeiten von Personen erfordern, die nicht im Workflow-Schema beschreibbar sind.

Im folgenden werden die Begriffe im Zusammenhang ihrer Verwendung durch unterschiedliche Benutzer eines WfMS in Beziehung gesetzt: Auf Basis eines abstrakten Workflow-Schema-Modells von konkreten Workflows konstruiert ein Entwickler mit den möglichen Ausdrucksmitteln einer Workflow-Sprache, deren Umfang im Workflow-Metaschema festgelegt ist, ein ausführbares Workflow-Schema. Ein Anwender nutzt dann zur Durchführung eines Vorgangs das Laufzeitsystem eines WfMS, das aus dem definierten Workflow-Schema eine Workflow-Instanz mit den konkreten Ausprägungen des Workflows erzeugt.

Unter *Workflow-Modellierung* wird letzlich das Erstellen eines Workflow-Schemas verstanden (BÖHM U.A.1997, S.78). Der Begriff *Workflow-Modell* dagegen ist nicht eindeutig, weil er in der Literatur homonym für die Begriffe Workflow-Schema und Workflow-Sprache (siehe z.B. JABLONSKI 1996, S.67ff) verwendet wird.

Die WfMS einerseits und die Workflows andererseits lassen sich nach verschiedenen Merkmalen klassifizieren (SCHULZE UND BÖHM 1996, S.279ff). So werden WfMS nach den Kriterien der Herkunft, der Verwendung und bezüglich der Technologie klassifizieren (WEIß UND KRCMAR 1996, S.506ff). Nach dem Kriterium der Herkunft können originäre WfMS von Systemen unterschieden werden, die nachträglich aus Anwendungssystemen, E-Mail-Systemen, Textverarbeitungsprogrammen oder Groupware-Systemen entstanden sind und nicht immer die allgemeinen Anforderungen (siehe Punkt 6.3) an die Architektur eines WfMS in allen Punkten erfüllen (FRITZ 1994, S.277f).

Die Workflows können anhand der Strukturierbarkeit der zugrundeliegenden Abfolge von Arbeitsvorgängen klassifiziert werden (PICOT UND ROHRBACH 1995, S.30ff). "Allgemeine oder Routine-Workflows" betreffen standardisierte, gut strukturierte und gleich ablaufende Arbeitsvorgänge. "Fallbezogene Workflows" sind zu einem großen Teil strukturiert. Sogenannte "Ad-hoc-Workflows" basieren dagegen auf unstrukturierten, einzelfallbezogenen Vorgängen und können nicht von den klassischen WfMS unterstützt werden (siehe SCHEER UND GALLER 1994, S.105).

Von den WfMS als Systeme zur Steuerung von strukturierten und formalisierten Routine-Vorgängen werden daher die CSCW-Systeme (Computer Supported Cooperative Work) abgegrenzt, die wenig strukturierte Abläufe der Gruppenarbeit unterstützen (siehe Z.B. SCHULZE U.A. 1997, S.381; LITKE 1997, S.5; GEHRING 1996, S.59). Die CSCW Systeme bieten eine passive Koordinationsunterstützung auf Basis eines nur bedingt vorhandenen Schemas für variable und unbekannte Prozeßverläufe (SCHULZE U.A. 1997, S.365 u. S.375-417). Neuere Forschungsansätze versuchen, durch wissensbasierte Techniken die Grenzen zwischen den WfMSen und den Workgroup-Systemen aufzulösen (DELLEN U.A. 1997, S.229). Im Forschungsansatz des "Negotion Enabled Workflow" wird nicht von einem starren und vorabmodellierten Workflow-Schema ausgegangen (KRCMAR 1997B, S.13). Die flexiblen Geschäftsprozesse sollen auf Basis eines Kommunikationsprotokolls in Form von verketteten Kunden/-Lieferantenbeziehungen durch die Prozeßbeteiligten selbst bei der erstmaligen Ausführung definiert werden (KRCMAR UND ZERBE 1996, S.8ff).

6.2 Aspekte und Arten von Workflow-Sprachen

Eine Workflow-Sprache muß verschiedene Ausdrucksmöglichkeiten bieten, mit denen ein ausführbares Workflow-Schema modelliert und beschrieben werden kann (BÖHM U.A. 1997, S.98). Die realen Arbeitsvorgänge im Unternehmen lassen sich unabhängig von ihrem betriebswirtschaftlichen Inhalt nach einzelnen formalen Aspekten gliedern. Dieses Muster eines Arbeitsvorganges sollte auch mit einer Beschreibungssprache abgedeckt werden können. Im einzelnen lassen sich folgende fünf grundlegende sachliche Aspekte einer Workflow-Sprache unterscheiden (JABLONSKI 1996, S.78):

(1) In einem Unternehmen werden einzelne Arbeitsvorgänge durchgeführt (BÖHM U.A. 1997, S.100). Im Rahmen des *funktionalen Aspekts* werden die einzelnen Schritte eines Arbeitsvorgangs beschrieben. Die Workflow-Sprache muß auch Möglichkeiten bieten, komplexe und hierarchische Schritte in ihrer Struktur zu formulieren

(2) In welcher Reihenfolge bzw. wann die einzelnen Schritte ausgeführt werden und von welchen Bedingungen die Ausführung des Schritts abhängt wird im *verhaltensbezogenen Aspekt* beschrieben. Letztendlich wird in diesem Aspekt der Kontrollfluß von Workflows beschrieben.

(3) Im *informationsbezogenen Aspekt* (JABLONSKI UND BUßLER 1996, S.136ff) werden die Daten und Informationsobjekte, die im Rahmen eines Arbeitsvorgangs bearbeitet werden, für den Workflow beschrieben.

(4) Welche Stellen im Unternehmen die einzelnen Schritte im Unternehmen ausführen, wird im *organisatorischen Aspekt* (JABLONSKI UND BUßLER 1996, S.169ff) beschrieben. Dabei muß die Workflow-Sprache u.a. Möglichkeiten zur Abwesenheitsvertretung und Rollenzuweisung bieten (siehe auch BUßLER 1997).

(5) Einzelne Arbeitsschritte eines Arbeitsvorgangs müssen nicht manuell ausgeführt werden, sondern werden oft von Anwendungsprogrammen unterstützt. Im Rahmen des *operationalen Aspekts* (JABLONSKI UND BUBLER 1996, S.157ff) werden die Möglichkeiten zur Einbindung von Applikationsprogrammen beschrieben.

Neben diesen fünf fundamentalen Aspekten kann es noch eine Reihe weiterer Aspekte wie z.b. den sicherheitsbezogenen Aspekt oder die kausale Sicht geben (JABLONSKI 1996, S.79). So müssen vor allem bei Workflows, die Grenzen von Organisationseinheiten überschreiten, schon bei der Spezifizierung des Workflows verschiedene Kriterien zur Verläßlichkeit - wie Authentizität, Vertraulichkeit oder rechtliche Verbindlichkeit - berücksichtigt werden (HERRMANN UND PERNUL 1997, S.219). Die Vertraulichkeit kann in einem Workflow-Schema z.B. durch ein Berechtigungskonzept oder kryptologische Elemente beschrieben werden.

Die Workflow-Sprachen bzw. die Methoden zur Modellierung von Workflows können nach ihrem Formalierungsgrad in Gebrauchssprachen, formale Diagrammsprachen oder formale Skriptsprachen klassifiziert werden (LEHMANN U.A. 1997, S.152f).

6.3 Allgemeine Architektur eines Workflow-Management-Systems

Ein allgemeingültiges, implementierungs*un*abhängiges Modell eines WfMS im Sinne einer funktionalen Komponentenarchitektur (SCHULZE U.A. 1997, S.233) soll im folgenden kurz beschrieben werden.

Die erste grundlegende funktionale Anforderung besteht darin, daß das WfMS den im Workflow-Metaschema beschriebenen Umfang einer Workflow-Sprache vollständig umsetzt, damit Workflow-Anwendungen realisiert werden können (SCHULZE U.A. 1997, S.220).

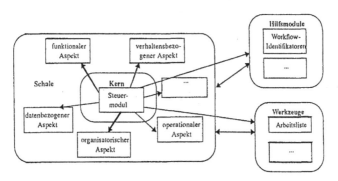

Abb. 15   **Allgemeines Modell eines Workflow-Management-Systems**
(verändert nach JABLONSKI 1997, S.77, Abb. 2)

Die einzelnen Aspekte einer Workflow-Sprache (siehe oben Punkt 6.2) werden dabei jeweils als eigenes "Aspekt"-Modul realisiert (JABLONSKI 1997, S.76f). Die einzelnen Aspekte könnten bei vollkommener Modul-Unabhängigkeit auch in unterschiedlichen Workflow-Sprachen formuliert sein (LEHMANN UND ORTNER 1997, S.69). Die Kommunikation der einzelnen "Aspekt"-Module untereinander bzw. nach außen erfolgt über ein eigenes Steuermodul (JABLONSKI 1997, S.77). Das koordinierende Steuermodul wird als der eigentliche *Kern* eines WfMS, die einzelnen "Aspekt"-Module werden zusammen als *Schale* bezeichnet (JABLONSKI 1997, S.77). Gemeinsam werden diese Basismodule des Kerns und der Schale auch als *Workflow-Engine* bezeichnet (SCHULZE U.A. 1997, S.234).

Die Workflow-Engine steuert auf Basis der Prozeßmodelle (=Workflow-Schemata) aktiv die laufenden Prozesse (=Workflows) (siehe GRUHN 1997, S.17).

Neben der vollständigen Implementierung des Workflow-Metaschemas werden als zweite grundsätzliche funktionale Anforderung an die Architektur eines WfMS verschiedene Benutzer-Schnittstellen mit den zugehörigen Werkzeugen aufgeführt (SCHULZE U.A. 1997, S.220 u. S.222f). Folgende grundlegende Klassifizierung von Benutzer-Schnittstellen ist möglich (JABLONSKI 1997, S.74):

- eine *Entwickler-Schnittstelle* zur Erstellung von Workflow-Schemata, sowie Analyse- und Simulationsmöglichkeiten zur Optimierung

- eine *Endanwender-Schnittstelle* in Form einer Arbeitsliste zur Abwicklung der Workflows mit verschiedenen Bearbeitungsfunktionen

- eine *Administrator-Schnittstelle* zur Benutzerverwaltung, zur Konfiguration des WfMS sowie zum Monitoring und zur Steuerung des Laufzeitsystems

Neben diesen funktionalen Anforderungen an ein WfMS gibt es noch eine Reihe von nichtfunktionalen Anforderungen wie z.B. die Portabilität auf verschiedene Plattformen, die Zuverlässigkeit oder die Offenheit des Systems (SCHULZE U.A. 1997, S.223ff; JABLONSKI 1997, S.75). Als notwendige Entwurfskriterien müssen bei der Entwicklung von WfMS die allgemeinen Spezifikationsgrundsätze Modularität und Orthogonalität beachtet werden (JABLONSKI 1995A, S.15).

Zur Umsetzung des allgemeinen und implementierungs*un*abhängigen Implementierungsmodells in eine Implementierungsarchitektur existieren verschiedene Vorgehensweisen und Entwicklungsmethoden (siehe JABLONSKI 1997, S.78-79; SCHULZE U.A. 1997, S.236-242).

6.4 Referenzmodell der WfMC

Die Workflow Management Coalition (WfMC) wurde 1993 als internationales Normungsgremium für Terminologie- und Technologie-Fragen im Bereich Workflow-Management gegründet (SAUTER UND MORGER 1996, S.228f). Ein allgemeines Referenzmodell mit fünf standardisierten Schnittstellen soll den Austausch einzelner Komponenten verschiedener WfMS ermöglichen und so die Interoperabilität zwischen den WfMS unterschiedlicher Hersteller ermöglichen (SCHULZE U.A. 1997, S.243). Die fünf Schnittstellen des Referenzmodells der WfMC (WFMC 1994) sind noch nicht alle vollständig spezifiziert und werden laufend überarbeitet (ECKERT 1997, S.14ff):

(1) Über die Schnittstelle 1 ("Process Definition Tools") sollen Definitionswerkzeuge zur Modellierung von Workflow-Schemata mit einer Workflow-Engine verbunden werden. Als Voraussetzung für den Austausch muß u.a. ein gemeinsames Workflow-Metaschema sowie ein Austauschformat (WPDL = Workflow Proces Definition Language) definiert werden (Eckert 1997, S.15).

(2) In der Schnittstelle 2 ("Workflow Client Applikations") wird der Aufruf einer Arbeitsliste standardisiert (WFMC 1996).

(3) Die Schnittstelle 3 ("Invoked Applikations") beschreibt die direkte Einbindung oder über einen "Tool-Agenten" vermittelten Aufruf von externen Applikationsprogrammen in ein WfMS (Eckert 1997, S.16).

(4) Der geordnete Austausch zwischen verschiedenen Workflow-Engines wird in der Schnittstelle 4 ("Workflow Interoperability") geregelt. Zur Zeit sind verschiedene Modelle sowie acht Ebenen der Interoperabilität in Diskussion (ECKERT 1997, S.16).

(5) Die Administration und die Kontrolle aktuell in Bearbeitung befindlicher Workflow-Instanzen erfolgen über spezielle Werkzeuge. Über die Schnittstelle 5 ("Administration & Monitoring Services") wird die konsistente Integration der Werkzeuge unterschiedlicher Hersteller beschrieben (ECKERT 1997, S.16).

Die Schnittstellen des Referenzmodells der WfMC bzw. die Komponenten, zu denen die einzelnen Schnittstellen verbinden, werden von JABLONSKI (1997, S.80) in den Allgemeinen Architekturvorschlag eines WfMS wie folgt eingeordnet:

(1) Die Komponenten der Schnittstellen 1, 2 und 5 sind ein Teil der Ebene "Werkzeuge" des Allgemeinen Architekturvorschlages für ein WfMS

(2) Die Verbindung zu anderen Workflow-Engines (Schnittstelle 4) ist nur einer von vielen Diensten einer Workflow-Engine

(3) Die Integration von externen Applikationsprogrammen (Schnittstelle 3) kann der "Schale" eines WfMS zugeordnet werden.

Insgesamt stellt das Referenzmodell der WfMC daher kein vollständiges Architekturkonzept dar (JABLONSKI 1997, S.80).

6.5 Vorgehensmodelle zur Integration des Geschäftsprozeßmodells

Der innere Zusammenhang zwischen der Modellierung von Arbeitsvorgängen, Geschäftsprozessen und Workflows wurde schon unter Punkt 5.1.1 dargestellt. Im allgemeinen wird bei der technischen Umsetzung von Geschäftsprozessen in Workflow-Management-Anwendungen bzw. bei der Modellierung von Workflows davon ausgegangen, daß zuvor eine grundsätzliche Ausrichtung der Geschäftsprozesse und Optimierung der Arbeitsvorgänge stattgefunden hat (MÜLLER-ZANTOP 1998, S.10f). Da aber Unternehmen und die Abläufe in einer Firma keine statischen Systeme sind, müssen die Arbeitsvorgänge ständig den sich wandelnden - Marktbedingungen und Kundenanforderungen adäquat angepaßt werden. Damit ergeben sich zwangsläufig auch iterative Änderungen und Verbesserungen an Workflows, die sich bei der Modellierung in modifizierten Workflow-Schemata ausdrücken. Dieser Punkt muß bei einem qualitativen Vergleich von Vorgehensmodellen zur Entwicklung von Workflow-Management-Anwendungen berücksichtigt werden.

Ausgehend von der Definition eines allgemeingültigen Vorgehens-Meta-Modells lassen sich bei den verschiedenen Vorgehensmodellen oft gleiche Phasen feststellen (HOLTEN U.A. 1997, S.261ff und Abb.1 auf S.260; siehe auch LEHMANN U.A. 1997, S.142ff). Im einzelnen kann man folgende fünf Phasen unterscheiden (LEHMANN U.A. 1997, S.114-146):

- In einer ersten Phase *Informationserhebung* werden die relevanten Basisinformationen als Grundlage für die Modellierung zusammengestellt

- In der nächsten Phase der *Arbeitsvorgangsmodellierung* erfolgt zur Darstellung der Ablauforganisation die Erstellung von Arbeitsvorgangsbeschreibungen.

- In der Phase *Workflow-Modellierung* wird das implementierungsunabhängige Workflow-Schema erstellt

- In der Phase *Workflow-Implementierung* wird das ablauffähige Workflow-Schema auf Basis eines Softwaresystems beschrieben

- Als letzte Phase kommt noch die *Betriebsphase*, die im engeren Sinne nicht zur Entwicklung gehört, aber über Rückkopplung Informationen zur Verbesserung der Workflows geben kann

Zu einer ähnlichen Phaseneinteilung kommen HOLTEN U.A. (1997, S.261f). Allerdings verwenden sie synonym den Begriff "Geschäftsprozeßmodellierung" für die zweite Phase statt "Arbeitsvorgangsmodellierung". Zudem verzichten sie auf eine eigene Phase der Workflow-Implementierung. Die Klassifizierung der verschiedenen Vorgehensmodelle nach isolierten, sequentiellen sowie integrierten Ansätzen erfolgt dagegen gleich (HOLTEN U.A. 1997, S.262ff bzw. LEHMANN U.A. 1997; S.146ff):

(1) Bei den *isolierten* Ansätzen von Vorgehensmodellen erfolgt die Modellierung von Workflows unabhängig von der Modellierung von Arbeitsvorgängen. Die Beschreibungen der Arbeitsvorgänge, die in unterschiedlichster Form dokumentiert sein können, werden nicht in Workflow-Schemata transformiert (HOLTEN U.A. 1997, S.262-263). Solche Vorgehensweisen finden sich vor allem bei "programmiertechnisch orientierten Workflow-Management-Systemen" (LEHMANN U.A. 1997, S.148).

(2) Im Gegensatz dazu verwenden die *sequentiellen* Ansätze als Basis formal definierte Arbeitsvorgangsbeschreibungen bzw. Geschäftsprozeßmodelle, die nach bestimmten Regeln - zum Teil auch weitgehend automatisch (siehe DERSZTELER 1996, S.595) - in Workflow-Schemata umgesetzt werden (HOLTEN U.A. 1997, S.263-265). Ein Beispiel für diesen Ansatz ist das "ARIS - House of Business Engineering" (SCHEER 1997B, S.26ff). Es werden aber nur die Teile der Geschäftsprozeßmodelle, deren Ablauf durch ein WfMS unterstützt werden kann, zu einem Workflow-Schema verfeinert (GALLER UND SCHEER 1995, S.23ff). Bei der Verfeinerung erfolgt insbesondere eine Präzisierung der Bedingungen und die Einführung des Rollenbegriffs (SCHEER U.A. 1995, S.431). Durch Verwendung von Geschäftsprozeßmodellen als Basis für die Erstellung von Workflow-Schemata wird sichergestellt, daß primär betriebswirtschaftliche und nicht informationstechnische Probleme gelöst werden (SCHEER U.A. 1997, S.444, GALLER 1997).

Aufgrund des unterschiedlichen Detaillierungsgrades der spezifischen Dokumente besteht eine hohe Zielgruppenbezogenheit des Vorgehensmodells. Die Konsistenz und Übergangssicherheit der dokumentierten Modelle, sowie die Adaptierbarkeit im Sinne einer raschen Änderbarkeit wird jedoch als gering eingeschätzt (HOLTEN U.A. 1997, S.271).

(3) Bei den *integrierten* Ansätzen der Vorgehensmodelle wird eine einheitliche Sprache zur Beschreibung der Modelle, die in einer zentralen Modellbibliothek (DEITERS U.A. 1995, S.459ff) verwaltet werden, verwendet (LEHMANN U.A. 1997, S.150f). Bei der auch hier notwendigen Verfeinerung erfolgt die Modellierung und Dokumentation durch Erweiterung des ursprünglichen Schemas. Dies drückt sich in einer hohen Dokumentenkonsistenz und Übergangssicherheit aus (HOLTEN U.A. 1997, S.268ff). Inwieweit aufgrund der Kom-

plexität tatsächlich eine hohe Adaptierbarkeit (HOLTEN U.A. 1997, S.271) vorhanden ist, muß detaillierter untersucht werden.

Eine im Prinzip vergleichbare, allerdings bipolare Unterscheidung der Vorgehensmodelle nach einem gemeinsamen Prozeßmodell (= integrierter Ansatz) und nach getrennten Prozeßmodellen (= sequentieller Ansatz) findet sich bei DEITERS (1997, S.54f), der allerdings in diesem Zusammenhang bei einer etwas anderen Phaseneinteilung von einem "Lebenszyklus von Geschäftsprozeßmodellen" spricht. Andere Vorgehensmodelle stellen nicht auf den Zusammenhang der verschiedene Schemata ab, sondern beschreiben die verschiedenen Projektphasen bei der Einführung eines WfMS in Unternehmen (siehe HÖGL UND DERSZTELER 1997, S.31ff).

6.6 Modellierung von Workflows unter SAP R/3

Das Produkt SAP Business Workflow wurde von SAP mit dem R/3-Release 3.0 freigegeben. Grundlegende und verbesserte Funktionalitäten sind sogar erst ab 3.1 verfügbar. Darüberhinaus ist das Produkt fest in die Anwendung des R/3 integriert. Daher erscheinen auch in neueren und zum Teil umfangreichen Produktvergleichen von WfMS (siehe z.B. GÖTZER 1997, S.118ff; JOOS U.A. 1997, S.81ff) noch keine detaillierteren Bewertungen vom SAP Business Workflow. Aktuelle Informationen zum SAP Business Workflow sind von SAP über http://www.sap.com/workflow zu erhalten. Die im SAP Business Workflow verwendete Terminologie wird - soweit möglich - in die entsprechenden synonymen Begriffe der GI (siehe Punkt 6.1) umgesetzt. So wird im folgenden statt dem von SAP verwendeten Begriff "Workflow-Definition" (SAP 1996B, S.4_2) immer der Begriff "Workflow-Schema" verwendet.

Die einzelnen Komponenten vom SAP Business Workflow werden von SAP in die drei Bereiche Definitionswerkzeuge, Laufzeitsystem und Informationssystem eingeordnet (SAP 1997H, S.1_8ff). Die Definitionswerkzeuge und das Informationssystem bilden gemeinsam die unterschiedlichen Benutzerschnittstellen des WfMS.

Die "Architektur" (SAP 1996B, S.8_1) vom SAP Business Workflow wird nach einer anderen Gliederung durch die drei Ebenen Organisationsmodell, Prozeßmodell und Objektmodell dargestellt (WÄCHTER U.A. 1995, S.198-199). Das Prozeßmodell entspricht dabei in etwa dem Workflow-Schema. Sowohl die Aufbauorganisation als das Organisationsmodell wie auch die SAP Business Objekte als das Objektmodell gehören zur Applikationsebene und können auch unabhängig vom SAP Business Workflow genutzt werden (SAP 1997B). Diese beiden "Ebenen" sind über besondere Elemente der Workflow-Sprache in das Workflow-Schema eingebunden (siehe auch Punkt 6.6.3).

6.6.1 SAP Business Objekte

Der Aufruf von R/3-Anwendungsfunktionalität aus einem Workflow heraus erfolgt über eine "Methode" eines Objekttyps innerhalb der Schrittdefinition im Workflow-Schema (SAP 1996E, S.16). Einen besonderen Objekttyp im R/3 stellen die SAP Business Objekte dar, die ein betriebswirtschaftliches Objekt der Realwelt - wie z.B. eine Anlage, ein Material oder eine Bestellanforderung - inklusive Funktionen für die Bearbeitung zur Definitionszeit generisch beschreiben (SAP 1996B, S.7_1f). Aus dem Objekttyp wird zur Laufzeit ein konkretes Objekt instanziiert.

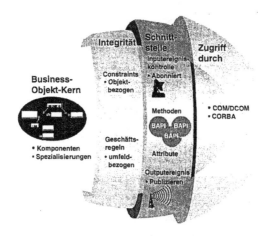

Abb. 16:   Schichten eines SAP Business Objekts (verändert aus SAP 1996D, S.17)

Die SAP Business Objekte sind ein objektorientierter Bestandteil des SAP Business Framework (SAP 1997F, S.9f; SAP 1997R, S.9-10). Der vierschichtige Aufbau eines SAP Business Objekts (siehe Abb. 16) enthält im Innern als Kern in Form der eigentlichen Daten die "zentrale betriebswirtschaftliche Logik" (SAP 1996D, S.18). Die Daten sind im Data Dictionary beschrieben. Als erste Schale um diesen Kern enthält die Integritätsschicht die objektbezogenen Einschränkungen und die umfeldbezogenen Geschäftsregeln (SAP 1996E, S.6f). Die nächste Schale enthält die Methoden, die publizierten Output-Ereignisse, die auslösenden Input-Ereignisse und die Attribute eines Business Objekts als Schnittstelle zur "Außenwelt" (SAP 1996D, S.18). Diese Schnittstellenschicht stellt als Pufferbereich die veröffentlichten Zugriffsmöglichkeiten für SAP-interne und SAP-fremde Programme bzw. Technologien auf die Daten des ansonsten als "black box" definierten SAP Business Objekts dar. Die äußerste Schale stellt die Zugriffsschicht dar, die die objektorientierten Standardschnittstellen wie

COM/DCOM oder CORBA für den externen Zugriff unterstützt (SAP 1996E, S.14).

Die Methoden eines Business-Objekts - von SAP auch als Business Application Programming Interface (BAPI) bezeichnet (SAP 1996E, S.8) - dürfen nicht mit weiteren homonymen Verwendungen des Begriffs (siehe z.B. LEHMANN U.A. 1997, S.140, JABLONSKI U.A. 1997, S.487) in anderem Kontext verwechselt werden. Methoden eines Objekttyps sind Operationen auf die Daten eines Objekts und können von einem Schritt eines Workflow-Schemas oder von einer normalen SAP-internen oder externen Anwendungsfunktion aufgerufen werden (WÄCHTER U.A. 1995, S.199). Die Methoden sind als RFC-fähige Funktionsbausteine definiert, die Implementierung ist aber dem Verwender der Methode nicht zugänglich. Dadurch kann die Methode als "polymorpher Methodenaufruf" auch bei verschiedenen Objekten "unter identischer Methodenbezeichnung und mit gleicher Parameterschnittstelle" erfolgen (SAP 1996B, S.7_2). Die Methode enthält auch *Ausnahmen*, die Fehlersituationen beim Ausführen der Operation auf das Objekt in Form von definierten Rückgabenummern beschreiben (SAP 1997H, S.4_37ff). Diese Ausnahmen können vom aufrufenden "Programm" bzw. Workflow-Schritt zur Steuerung der weiteren Ablauflogik ausgewertet werden. Ausnahmen, Rückgabeparameter und Ergebnisse können nur bei synchronem Methodenaufruf ausgewertet werden (SAP 1997H, S.4_30ff). Bei asynchronem Aufruf einer Methode können nur Ereignisse über die erfolgreiche Operation ausgewertet werden.

"Externe Ereignisse" sind mandantenweit publizierte Zustandsänderung bzw. Statusänderungen von Objekten, unabhängig davon, ob ein interessierter Ereignisverbraucher existiert (SAP 1997H, S.5_2). Die Attribute eines Objekttyps sind die Merkmale der Schnittstellensicht, die von den Methoden bearbeitet werden und zur Laufzeit in einem Workflow-Schritt ausgewertet werden können (SAP 1996F, S.49).

Ein Objekttyp kann Subtyp oder Supertyp von anderen Objekttypen sein. Als Subtyp erbt er die Eigenschaften vom Supertyp wie Methoden, Attribute oder Ereignisse. Die von SAP ausgelieferten mandantenunabhängigen Business Objekte können nicht geändert werden. Es können aber mandantenspezifisch Erweiterungen - d.h. neue Methoden, Attribute oder Ereignisse - auf Subtypen von SAP Business Objekten vom Kunden vorgenommen werden (SAP 1997H, S.3_1ff und 4_60ff). Durch eine spezielle Kennzeichnung des Subtyps als "Delegation" kann erreicht werden, daß der Subtyp anstelle des Original SAP Business Objekts auch in anderen Programmen verwendet wird (SAP 1997H, S.25_26).

In einem Objekttypen sind somit die Standardmerkmale der Objekttechnologie wie Kapselung von Daten und Funktionen, Vererbung und Polymorphie realisiert (SAP 1996D, S.18).

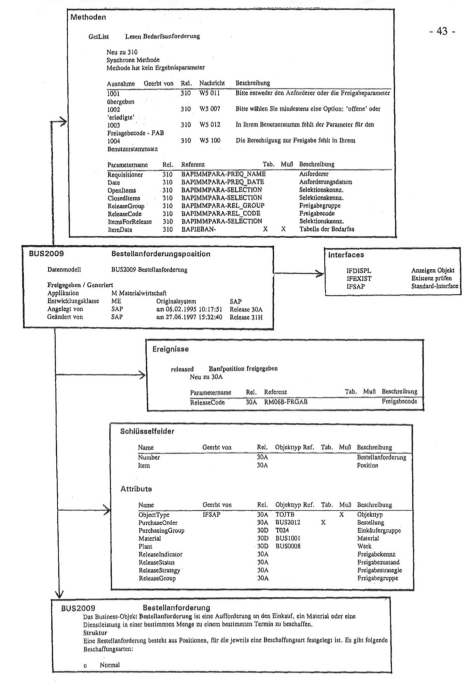

Abb. 17: **Bestellanforderung als Beispiel eines SAP Business Objekts** (veränderter Ausschnitt aus SAP R/3 Version 3.1H)

6.6.2 Definition der Aufbauorganisation

Zur Festlegung der möglichen Bearbeiter der einzelnen Schritte eines Workflow-Schemas und zur Rollenauflösung muß die Aufbauorganisation des Unternehmens gepflegt sein. Die Aufbauorganisation ist Teil der R/3-Anwendungskomponente "Human Resource", wird aber innerhalb eines Mandanten anwendungskomponentenübergreifend genutzt (SAP 1996B, S.5_1). Im Rahmen vom SAP Business Workflow werden die Objekttypen Organisationseinheit, Planstelle, Stelle, Benutzer und Rolle genutzt. Die Organisationseinheiten beschreiben betriebswirtschaftlich zusammengefaßte, organisatorische Teilbereiche eines Unternehmens, die isoliert oder hierarchisch angelegt werden können (SAP 1997H, S.25_35).

Einer Organisationseinheit können eine oder mehrere Planstellen als Gruppe potentieller Sollmitarbeiter zugeordnet werden. Eine Planstelle kann als Leiterplanstelle definiert werden. Damit ist eine Rollenauflösung "ist_Vorgesetzter_von" über die Benutzer der anderen Planstellen dieser Organisationseinheit möglich. Ein Benutzer kann mehreren Planstellen zugeordnet werden. Die Stelle enthält als Tätigkeitsprofil die Stellenbeschreibung für eine oder mehrere Planstelle(n) (SAP 1996B, S5_2f). Das Tätigkeitsprofil wird durch einzelne Aufgaben (siehe Punkt 6.6.3.1) oder durch eine Anwendungskomponente (siehe 5.3.3.2) beschrieben (SAP 1996B, S.5_2f).

Der strukturelle Aufbau der Organisation kann über zeitgebundene Planvarianten ohne direkte Auswirkung auf den Produktivbetrieb erfolgen (SAP 1996B, S.5_1). Änderungen in der Zuordnung von Benutzern zu Planstellen sowie die Aktivierung eines Vertreters wirken sich nicht auf die Definition des Workflow-Schemas aus, da die Rollenauflösung und die Zuordnung der ausgewählten Benutzer über Stellen zur Aufgabe erst zur Laufzeit erfolgt (SAP 1997B).

Die Rollenauflösung kann unter Berücksichtigung von Auswertungswegen oder unter Berücksichtigung von Stammdaten erfolgen (SAP 1997H, S.25_38). Wenn eine Rollenauflösung unter Berücksichtigung von Stammdaten erfolgen soll, muß bei der Pflege der Aufbauorganisation darauf geachtet werden, daß auch die relevanten SAP-Organisationsobjekte der Ablauf-Organisation wie z.B. "Einkäufergruppe" als Aufbau-Organisationseinheit abgebildet werden. Eine Rollenauflösung über Auswertungswege nutzt die definierten Beziehungen in der Aufbauorganisation, um ausgehend von einem bestimmten Benutzer einen anderen Benutzer zu finden (SAP 1997H, S.11_12f). Ein Beispiel hierfür ist die Rolle "ist_Vorgesetzter_von" (SAP 1997H, S.10_3).

6.6.3 Workflow-Sprache und Definition des Workflow-Schemas

Nachfolgend wird die Workflow-Modellierung im R/3 anhand der grundlegenden Aspekte einer allgemeinen Workflow-Sprache beschrieben (siehe Punkt 6.2). Ein Workflow-Schema kann im R/3 in verschiedenen, zeitbezogenen Versionen erstellt werden (SAP 1996B, S.10_3).

6.6.3.1 Funktionaler Aspekt

Innerhalb eines Workflow-Schemas können verschiedene Arten von Schritten definiert werden. Die Schrittart "Aktivität" verweist auf Anwendungsfunktionalität bzw. auf ein Sub-Workflow-Schema. Es ist darauf hinzuweisen, daß der von SAP in diesem Zusammenhang verwendete Begriff "Aufgabe" nicht der allgemeinen Definition unter Punkt 5.1.1 entspricht. Eine Aktivität ist "eine Referenz auf eine Aufgabe aus dem Aufgabenkatalog als Schritt innerhalb der Workflow-Definition" (SAP 1997H, S.25_2). Eine Aufgabe kann dabei eine Einzelschrittaufgabe oder eine Mehrschrittaufgabe sein. Die von SAP ausgelieferten Einzel-schritt- (= Standardaufgabe) und Mehrschritt-Aufgaben (= Workflow-Muster) sind im Gegensatz zu kundendefinierten Aufgaben (Kundenaufgabe bzw. Workflow-Aufgabe) alle planvariantenunabhängig, mandantenunabhängig und ohne Gültigkeitszeitraum definiert (SAP 1997H, S.25_6). Als Schritt in einem Workflow-Schema kann auch ein Mehrfachschritt als Sub-Workflow-Schema definiert werden und so auf diese Weise ein übersichtliches, mehr-stufiges Workflow-Schema aufgebaut werden.

Als ablaufsteuernde Schritte (siehe auch Punkt 6.6.3.2) gibt es neben Schleifen (Untilschleifen bzw. While-Schleife), auch Bedingungen (If) und Mehrfachbedingungen. Zudem können Schritte zur Erzeugung eines Ereignisses bzw. zum Warten auf das "Eingetretensein" eines externen Ereignisses definiert werden. Zur aktiven Steuerung durch einen Bearbeiter können auch Benutzerentscheidungen als Schritt definiert werden (SAP 1997H, S.15_32ff). Schritte können je nach Anwendungsumfeld als Dialogschritt oder im Batch definiert werden.

6.6.3.2 Verhaltensorientierter Aspekt

Die Definition des Kontrollflusses in einem Workflow-Schema vom SAP Business Workflow erfolgt graphisch über die Methode der EPK. Die Darstellung des Kontrollflusses als *verhal-tensorientierter* Aspekt einer Workflow-Sprache kann nicht nur im graphischen Editor (Dia-grammsprache) sondern auch mit einer tabellenbasierten Skriptsprache erfolgen. Der Kontroll-fluß wird über interne oder externe Ereignisse, Schritte und Operatoren gesteuert. Die ablauf-orientierten Schritte wurden schon beim funktionalen Aspekt (siehe 6.6.3.1) beschrieben. Die Definition und Pflege von Schritten innerhalb eines Workflow-Schemas erfolgt blockorientiert (SAP 1997H, S.25_39f). Beim Einfügen eines Schrittes wird automatisch ein nachfolgendes unbestimmtes Ereignis als Ergebnis dieses Schrittes eingefügt, das im Rahmen der Definition spezifiziert werden muß.

6.6.3.3 Informationsbezogener und operationaler Aspekt

Der *informationsbezogene* und der *operationale* Aspekt einer Workflow-Sprache werden über die Verbindung zu einem SAP Business Objekt realisiert. Bei der Definition einer Einzelschrittaufgabe muß grundsätzlich ein Objekttyp und eine Methode dieses Objekttyps angegeben werden (SAP 1996B, S.6_2). Dies gilt auch für die Einbindung von externer Nicht-R/3-Anwendungsfunktionalität (siehe auch Punkt 6.6.6), so daß in diesem Fall ein kundenindividueller Objekttyp mit Methoden definiert werden muß (SAP 1997D). Die Verbindung zwischen WfMS und Anwendungsfunktionalität kann somit als objektorientiert bezeichnet werden (SAP 1996B, S.6_2). Der Datenfluß zwischen der Methode und dem Workitem als Schritt einer Workflow-Instanz erfolgt über definierte Container (SAP 1997H, S.13_27).

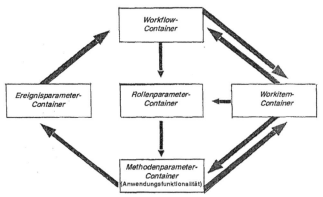

Abb. 18   Datenfluß und Container im SAP Business Workflow (verändert aus SAP 1996B, S.11_1)

Datenfluß-Container werden auch für den Datenaustausch zwischen den anderen einzelnen Komponenten des WfMS verwendet (siehe Abb. 18).

6.6.3.4 Organisatorischer Aspekt

Die von SAP definierten Aufgaben sind im Grundsatz bereits ablauffähig. Lediglich die organisatorische Zuordnung muß vor dem produktiven Einsatz noch im Rahmen des Customizing erfolgen (SAP 1996F, S.173). Es ist auch möglich, eine Aufgabe als *generelle* Aufgabe zu klassifizieren, die dann grundsätzlich von allen Benutzer bearbeitet werden kann.

Bei der Definition einer Einzel- bzw. Mehrschrittaufgabe können wahlweise weitere organisatorische Zuordnungen gepflegt werden (SAP 1997H, S.20_6). So kann ein spezieller Workflow-Administrator eingetragen werden, der bei Fehlern zur Laufzeit benachrichtigt wird. Ferner können jeweils noch ein Adressat bei Terminüberschreitung oder bei erfolgreicher Beendigung angegeben werden.

Die allgemeine Anforderung an eine Workflow-Sprache zur Lösung einer Vertreterregelung wird im SAP Business Workflow an die Definition der Aufbauorganisation (siehe 6.6.2) in der Applikation delegiert (SAP 1997H, S.17_30ff). Die Einrichtung von Vertretern erfolgt damit unabhängig von der Schrittdefinition im Workflow-Schema.

6.6.4 Laufzeitsystem vom SAP Business Workflow

Das Laufzeitsystem vom SAP Business Workflow besteht im Prinzip aus einem Ereignis-Manager, einem Workitem-Manager und dem Workflow-Manger (SAP 1997H, S.1_10, STROBEL-VOGT 1997). Der integrierte Eingangskorb (siehe 6.6.5.1) mit der Arbeitsliste wird teilweise ebenfalls zum Laufzeitsystem (TEUSCH 1995, S.449) und teilweise zum Informationssystem (SAP 1997H, S.1_9) gerechnet.

Ein *Ereignismanager* (SAP 1997H, S.5_2) wertet alle publizierten Ereignisse als eingetretene Zustandsänderungen von Objekten aus und stellt über eine Typkopplungstabelle die Verbindung zu interessierten Ereignisverbrauchern her. Ein publiziertes Ereignis wird auf diese Weise zu einem auslösenden Ereignis, das eine Workflow-Instanz aus einem Workflow-Schema instanziiert (SAP 1997H, S.5_1ff). Sofern Workflow-Instanzen zu unterschiedlichen Zeiten entstanden sind, können sie sich auch auf verschiedene Versionen eines zwischenzeitlich modifizierten Workflow-Schemas beziehen. Die Ablauffähigkeit der Workflow-Instanzen bleibt dadurch unberührt (SAP 1996B, S.10_3).

Dem *Workflow-Manager* obliegt die Verwaltung der Workflow-Instanz und die koordinierende Steuerung der einzelnen definierten Schritte. Workitems sind zur Laufzeit instanziierte Schritte des Workflow-Schemas und werden von einem *Workitem-Manager* überwacht und abgewickelt. Der Workitem-Manager übernimmt die Rollenauflösung und Zuordnung der Workitems zu Benutzern. Ebenso erfolgt durch ihn die Überwachung der Laufzeit anhand der im Workflow-Schema eingetragenen Termine (SAP 1997H, S.17_16).

Der Datenaustausch zwischen den "Managern" erfolgt über Datencontainer (SAP 1996B, S.11_1). Inwieweit diese "Mangager"-Bausteine als Module im Sinne der allgemeinen Architektur eines WfMS (siehe Punkt 6.3) bezeichnet werden können, ist aus den Beschreibungen zum SAP Business Workflow nicht ersichtlich.

6.6.5 Benutzer-Schnittstellen und Werkzeuge

Den verschiedenen Benutzern vom SAP Business Workflow stehen unterschiedliche Werkzeuge zur Weiterverarbeitung oder Analyse von Workitems und Workflow-Instanzen zur Verfügung.

6.6.5.1 Integrierter Eingangskorb

Die Arbeitsliste oder Worklist als die Benutzerschnittstelle des Endanwenders wird dem Benutzer im R/3 in einem integrierten Eingangskorb angezeigt (SAP 1997H, S.17_1ff), der nicht nur die abzuarbeitenden Workitems, sondern auch Dokumente wie E-Mail, Faxeingang oder Internet-Mail enthalten kann (SAP 1996B, S.2_1). Der Eingangskorb kann aber auch unter Nutzung von externen Schnittstellen außerhalb von R/3 angezeigt und bearbeitet werden (siehe Punkt 6.6.6). Während der Bearbeitung eines Workitems können durch den Bearbeiter aus dem Eingangskorb u.a. Anlagen zum Workitem erfaßt werden und für Rückfragen Nachrichten mit Bezug zum Workitem an andere Mitarbeiter versandt werden. Dies unterstützt die "Ad-hoc-Bearbeitung" von Workitems (SAP 1996B, S.2_2).

6.6.5.2 Weitere Werkzeuge

Zur Diagnose und zur Behebung von Fehlern werden vom SAP Business Workflow dem Entwickler und dem Administartor verschiedene Hilfsmittel zur Verfügung gestellt (SAP 1996F, S.412ff). In einem Ereignis-Logbuch werden z.b. alle eingetretenen und verwendeten Ereignisse mit Verbraucher protokolliert (SAP 1997H, S.19_31f). Weitere Hilfsmittel sind u.a. Auswertungsmöglichkeiten zur Objektverknüpfung, zu Instanzkopplungen, zu transaktionalen RFCs sowie die Anzeige eines technischen Trace mit allen systeminternen Ablaufinformationen (SAP 1997H, S.19_1ff).

Im Laufzeitsystem befinden sich verschiedene Werkzeuge zur Überwachung von aktiven Workitems sowie zum Reporting und zur Statistischen Analyse (SAP 1997H, S.18_1ff). In einer Workitem-Analyse (SAP 1996F, S.316ff) können die verschiedenen Workitem-Typen - bezogen auf einen zu betrachteten Monitoringzeitraum und/oder gefiltert nach Anwendungskomponenten - statistisch nach der Aufrufhäufigkeit, der Bearbeitungsdauer, der Terminüberschreitungen oder nach der Fehlerhäufigkeit analysiert werden. Die aktuelle, zukünftige oder aufsummierte Arbeitsbelastung von Benutzern oder sonstiger Einheiten der Aufbauorganisation durch aktive Workitems kann über eine Workload-Analyse (SAP 1996F, S.319f) ermittelt werden. Die Aufgaben-Analyse bietet Informationen zu den definierten Aufgaben und zu deren Abhängigkeiten und Verbindungen zu Workflow-Schemata (MEYER 1997, S.165).

Ein Monitoring einer Workflow-Instanz kann aber nur innerhalb eines SAP-Mandanten erfolgen.

6.6.6 Externe Schnittstellen von und zum SAP Business Workflow

Als aktives Mitglied der WfMC wurde von SAP als generelle Produktstrategie festgelegt, die jeweiligen offiziellen Schnittstellen-Standardisierungen der WfMC als offene Schnittstellen im SAP Business Workflow zu übernehmen (SAP 1997D, S.1). Daneben bietet SAP derzeit zur Anbindung anderer Systeme aber noch weitere Schnittstellen an. Im einzelnen können folgende drei grundsätzliche Arten von Schnittstellen zur Kopplung vom SAP Business Workflow mit Fremdsystemen unterschieden werden (SAP 1997D, S.1):

(1) Ab der R/3-Version 3.1G ist die Schnittstelle 2 "Workflow Client Applications" der WfMC im SAP Business Workflow implementiert. Weitere Standardschnittstellen der WfMC sind derzeit (SAP 1997D, S.1ff) noch nicht in einer realisierungsfähigen Form für eine Produktlösung in R/3 oder in anderen Produkten veröffentlicht.

(2) SAP bietet als "interne SAP-Standards" verschiedene eigen definierte Schnittstellen an:

    (a) Seit 3.1G ist das externe Anstarten von Workflows bzw. das Ausführen von Schritten in externen Anwendungen über Visual-Basic-Formularanwendungen möglich. Auf R/3-Seite ist hierfür der Einsatz des Toolkits SAP*Forms* erforderlich (SAP 1997D). Die Datenübergabe an R/3 kann dabei per RFC, über IDOCs oder per Internet-Mail erfolgen (SAP 1997H, S.24_2ff). Der Versand an R/3 kann über Microsoft Exchange erfolgen (SCHMID 1996, S.21ff).

    (b) Als Ergänzung zum Interface 2 der WfMC stellt SAP ab der Version 3.1 zwei RFC-fähige C-Funktionsbausteine zum Starten von Workflows bzw. zum Auslösen von Ereignissen zur Verfügung, die auch von einem "Nicht-ABAP-Programm" aufgerufen werden können (SAP 1997D).

    (c) Auf der Basis von RFC und OLE-Funktionaliät kann durch Definition neuer Methoden zu SAP-Business-Objekten oder zu eigendefinierten Objekttypen in einem Workflow-Schritt auch "Nicht-SAP-Funktionalität" aufgerufen werden (SAP 1997D). Unter Punkt 7.4.2 werden die Einsatzmöglichkeiten an einem praktischen Anwendungsfall ausführlicher diskutiert und erläutert.

(3) Als Industrie-Standards werden Schnittstellen zu Softwareprodukten "namhafter Unternehmen" bezeichnet (SAP 1997D, S.2). In der Version 3.1 gibt es in diesem Sinn zwei Schnittstellen.

(a) Über die erste Schnittstelle kann die Arbeitsliste von Workitems in MAPI-fähigen Mail-Clients angezeigt und bearbeitet werden (SAP 1997D).

(b) In einer zweiten Schnittstelle mit vergleichbarer Funktionalität kann Lotus Notes als Mail-Client eingesetzt werden (SAP 1997D). In einer Reihe von Anwendungsbeispielen (WOLFF 1997, S.155; EGE UND WOLFF 1997, S.17ff; WASEM-GUTENSOHN 1998, S.18) werden Kopplungen von SAP R/3 mit Lotus Notes realisiert.

6.6.7 Vorgehensmodell und Entwicklungsmethoden

Das Vorgehensmodell bei der Modellierung von Workflows mit SAP Business Workflow ist nach der unter Punkt 6.5 dargestellten Klassifizierung als *isoliertes* Vorgehensmodell einzustufen. Die inhaltliche Verbindung zum Geschäftsprozeßmodell besteht zur Zeit im Prinzip nur in den Objektmethoden der SAP Business Objekte. Die Verwendung der gleichen Darstellungsmethode für den Kontrollfluß - die Ereignisgesteuerte Prozeßkette - erleichtert aber die Modellierung von Workflows, wenn der entsprechende Ausschnitt des Geschäftsprozeßmodells als Basisvorlage der Workflow-Modellierung zugrunde gelegt wird. Eine Übernahme des Kontrollflusses aus dem Geschäftsprozeßmodell in die Definition eines Workflow-Schema ist nicht möglich.

Die Erstellung eigener Workflow-Schemata kann je nach Komplexität des Arbeitsvorganges recht zeitaufwendig sein. Zur Erleichterung der Definition eigener Workflow-Schemata gibt es ab der Version 3.1 sogenannte "Workflow-Wizzards" (SAP 1997H, S.23_1 ff). Ein Workflow-Wizzard ist seinerseits ein Workflow-Schema, das von SAP mit vielen Benutzerentscheidungs-Schritten definiert wurde und dadurch einen Entwickler bei der Erstellung von speziellen Steuerungsschritten in eigenen Workflow-Schemata interaktiv unterstützen kann. Verschiedene Freigabeverfahren oder Genehmigungsvefahren haben z.B. unabhängig vom verwendeten Objekttyp oft eine gleiche Ablaufstruktur. In der Version 3.1 gibt es daher Workflow-Wizzards für hierarchische, dynamische oder parallele Genehmigungsverfahren (SAP 1997H, S.23_6 ff), die in ein kundenindividuelles Workflow-Schema einen entsprechenden Block einfügen und bei der Verfeinerung der Definition unterstützen.

Die Erstellung eines Workflow-Schemas wird aber besonders dann kompliziert und aufwendig, wenn die von SAP definierten Business Objekte mit ihren Methoden und Ereignissen nicht ausreichen. Sobald eigene Methoden, Ereignisse oder sogar eigene Objekttypen erstellt werden müssen, erfordert dies neben Programmiererfahrungen mit ABAP/4, auch Kenntnisse über die "black box" von Objekttypen und über die Anwendungsfunktionalität von R/3 (SAP 1996H, S.7_1).

7 Anwendung unter R/3 am Beispiel der Beschaffung von Baugeräten

An einem relativ einfachen und übersichtlichen Praxisbeispiel aus der Bauindustrie soll im folgenden die Methode des Iterativen Prozeß-Prototypings zur Geschäftsprozeß-Modellierung unter SAP R/3 angewendet werden. An einem überschaubaren Ausschnitt eines Detailprozesses (= Geschäftsprozeß-Baustein) werden verschiedene Möglichkeiten zur Anbindung eines externen Legacy-Systems in den Workflow unter SAP R/3 diskutiert.

7.1 Beschreibung des Umfeldes und Darstellung des IST-Ablaufs

Aus Sicht der Produktionstheorie stellt die Erstellung von Bauwerken eine objektzentralisierte Einzelfertigung dar (FANDEL 1981, S.22ff).

Ein wichtiger Teilaspekt zur Erfüllung einer globalen Geschäftsstrategie "Kundenzufriedenheit" besteht in der Bauindustrie neben der Erfüllung der qualitativen Leistungsanforderungen auch darin, daß das Bauwerk innerhalb des vertraglich vereinbarten Zeitraums rechtzeitig fertiggestellt wird (Konventionalstrafen !). Zur Erfüllung der Termintreue müssen wiederum die Produktionsfaktoren (zur Begriffsdefinition siehe z.B. FANDEL 1991, S.33ff) einsatzfähig und rechtzeitig am Produktionsort zur Verfügung stehen. Aufgrund der oft knappen Lagerkapazitäten am Produktionsort "Baustelle" gilt deshalb nicht nur für die Verbrauchsfaktoren, sondern auch für die Betriebsmittel "Baugeräte" - unter Beachtung der notwendigen Rüstzeiten - die "Just in Time"-Anlieferung.

Die erforderlichen Baugeräte können wegen des großen Investitionsvolumens nicht alle selbst von einem Bauunternehmen angeschafft werden und werden daher einerseits zur Abdeckung von Spitzenauslastungen und andererseits als Spezialgeräte zum Teil fremd angemietet. Die Disposition - d.h. die Einsatzplanung und die Einsatzorganisation - der Baugeräte selbst stellt inklusive der internen kalkulatorischen Weiterverrechnung ein nicht triviales Problem dar.

Zur Verbesserung seiner Wettbewerbsfähigkeit und zur Sicherstellung des oben definierten Geschäftsziel "Kundenzufriedenheit" hat ein Bauunternehmen deshalb seine Baugeräte in einen mit anderen Fremdfirmen gemeinsamen Gerätepark eingebracht, der zentral durch eine eigenständige Dispositionsfirma verwaltet und disponiert wird. Der Vorteil liegt zum einen in einer besseren Auslastung der eigenen Geräte durch verringerte Liegezeiten sowie zum anderen in der sichereren Abdeckung von fehlenden eigenen Kapazitäten. Diese besondere Organisationsform kann deshalb den "einfachen ressourcenorientierten Kooperationsformen" (PICOT U.A. 1997, S.133-140) zugeordnet werden. Die An- bzw. Vermietung von Geräten auf dem "freien Markt" durch die Dispositionsfirma ist natürlich möglich.

Die Geräte gehören bilanziell den einzelnen Firmen bzw. teilweise auch der Dispositionsfirma. Die Aktivierung der Geräte erfolgt in der Anlagenbuchhaltung des jeweiligen Geräte-eigentümers. Die Entscheidung zum Kauf eines Baugeräts erfolgt nach fachlichen Gesichts-punkten in der Dispositionsfirma. Die Festlegung des "Käufers" wird im Rahmen eines vereinbarten Investitionsvolumens und auf Grundlage der Zusammensetzung der spezifischen Inventarliste der Unternehmen nach definierten Regeln, die hier nicht näher erörtert werden, durch den Disponenten getroffen. Der Informationsaustausch zwischen dem Disponenten und dem Einkäufer bzw. Anlagenbuchhalter erfolgt zur Zeit ohne DV-Unterstützung per Fax bzw. über Telefon.

R/3 wurde für die betrachtete Baufirma als strategisches Software-System definiert und wird bereits im Bereich der Beschaffung sowie im Finanzwesen und in der Anlagenbuchaltung eingesetzt. Eine Dokumentation der Geschäftsprozesse ist bislang nicht im R/3 erfolgt. Die Dispositionsgesellschaft nutzt zur Abwicklung der zentralen Gerätedisposition und zur Beschaffung ihrer eigenen Geräte zur Zeit eine eigenentwickelte Software außerhalb von R/3.

7.2 "Schwachstellenanalyse" und SOLL-Konzept

Die Entscheidung der Geschäftsführung zur "Auslagerung" der eigenen Baugeräte in die fremde Dispositionsfirma ist im Rahmen einer betriebswirtschaftlichen Geschäftsfeld-Analyse getroffen worden und steht hier nicht mehr zur Diskussion. Zusätzlich wurde innerhalb eines vereinbarten Rahmens die primäre Entscheidungskompetenz zum Kauf von Geräten bewußt der Dispositionsfirma übertragen, um langwierige Abstimmungsprozesse zwischen den ver-schiedenen Firmen zu vermeiden.

Im Rahmen dieser betriebswirtschaflichen Vorgaben ist es das Ziel, den Geschäftsprozeß der Baugeräte-Beschaffung - ab dem Zeitpunkt der Kaufentscheidung - im R/3 abzubilden. Insbesondere soll die Bearbeitung der Arbeitsvorgänge durch ein WfMS gesteuert bzw. unter-stützt werden.

Der Beschaffungsprozeß zeigt offensichtlich einige allgemeine Schwachstellen (siehe auch MEINHARDT UND TEUFEL 1995, S.76f) wie z.B. die teilweise fehlende DV-Unterstützung, Informationsmedienbruch, Datenredundanzen oder Mehrfacherfassung von gleichen Daten. Die *Mehrfacherfassung* gleicher Daten zeigt sich darin, daß der Disponent die aktuellen Bestelldaten auf ein Papier schreibt (1. Erfassung) und dem Einkäufer im Bauunternehmen per Fax übermittelt. Der Einkäufer gibt die gleichen Daten am Bildschirm ins R/3 ein (2. Erfassung). Eine Verbesserung ließe sich durch eine DV-Unterstützung erreichen, wenn die Bestellanforderungsdaten in elektronischer Form direkt ins R/3 übermittelt werden und der Einkäufer diese Daten als Bestellvorschlagsdaten bei der Bestellungschreibung am Bildschirm ohne weitere Erfassung zur Verfügung hätte.

Innerhalb des Bauunternehmens wird die Bestellabwicklung und die Anlagenstammsatzbe-arbeitung durch das R/3 DV-technisch unterstützt. Die *DV-Unterstützung* fehlt aber im Bereich der Kommunikation zwischen den einzelnen Sachbearbeitern. Der Einkäufer benötigt zur Bestellung bereits die Inventarnummer des Geräts, die er telefonisch oder per Hauspost beim Anlagenbuchhalter beantragt. Seinerseits erfährt er ebenfalls auf manuellem Wege von der Erfassung des Gerätestammsatzes in der Anlagenbuchhaltung. Der Disponent erfährt von der erfolgten Bestellung bzw. den voraussichtlichen Liefertermin durch Fax.

Diese verschiedenen Kommunikationsmedien spiegeln auch die *Informationsmedienbrüche* wider. Ein einheitlicher integrierter elektronischer "Posteingangskorb" bei jedem Mitarbeiter für Fax, E-Mail, Systemnachrichten könnte dies beseitigen. Die oben dargestellte Weitergabe der Bestellanforderung als "elektronischer Datensatz", der maschinell ins R/3 integriert wird, würde einen weiteren Medienbruch beseitigen.

Die *Datenredundanz* ließe sich nur dadurch vermeiden, wenn die Dispositionsfirma im gleichen Mandanten wie die Baufirma DV-technisch abgebildet wäre. Dann könnten alle Sachbearbeiter u.a. auf die gleichen Materialstammdaten, Anlagenstammdaten und Bestell-daten zugreifen. Eine Integration durch Abbildung der Dispositionsfirma als eigener Bu-chungskreis im Mandanten des Bauunternehmen wäre im Prinzip möglich. Der selektive Zu-griff auf die Daten könnte über das Berechtigungssystem (SAP 1997F, S.B_43f) gesteuert werden. Der Buchungskreis im R/3 ist als rechtlich selbstständiges Unternehmen innerhalb eines Konzerns definiert (SAP 1997F, S.B_98).

Die Dispositionsfirma verwaltet aber die Geräte verschiedene Baufirmen und ist selbst eine unabhängige Firma - d.h. sie stellt für das betrachtete Bauunternehmen kein verbundenes Unternehmen gemäß § 271 HGB dar. Die Datenredundanz bleibt auch, falls die Dispositions-firma als eigener SAP-Mandant abgebildet würde.

Die *Ablauforganisation* im Rahmen des Beschaffungsprozesses wurde schon bei der Ge-schäftsfeld-Analyse im Bauunternehmen optimiert und auf wenige organisatorische Stellen reduziert. Der *Disponent* in der externen Firma löst den Beschaffungsvorgang aus. Die Pflege der bilanziellen Stammdaten des Baugeräts erfolgt durch den *Anlagenbuchhalter*. Die Bestell-abwicklung und Bestellüberwachung wird vom *Einkäufer* durchgeführt.

Eine Verbesserung im Controlling ließe sich erreichen, wenn vor der Bestellung bzw. vor der Anlagenstammsatzerstellung unter bestimmten Bedingungen - die sich auch im Zeitablauf ändern können - die Beschaffung im Bauunternehmen genehmigt werden muß. Diese Bedin-gungen könnten z.B. das Überschreiten eines Grenzwertes bei Einzelbestellung, ein geändertes Investitionsbudget oder der beabsichtigte Kauf eines Spezialgeräts sein. Auf diese Weise lassen sich Abweichungen vom vereinbarten Regelwerk schon im Vorfeld bemerken und nachträgliche Rückübereignungen bzw. Ausgleichszahlungen auf ein Minimum reduzieren.

Der hier untersuchte Aspekt des Soll-Konzeptes besteht darin, durch eine automatische Informationsweiterleitung aus der Vorgangsbearbeitung heraus in einen integrierten und einheitlichen "elektronischen Posteingangskorb" bei den Bearbeitern den Beschaffungsvorgang zu beschleunigen. Eine Verbesserung liegt auch in der maschinellen Datenweitergabe aus dem externen Legacy-System, da dadurch Fehler bei der Informationsübernahme vermieden werden.

7.3 Abbildung des Geschäftsprozesses unter SAP R/3

Die eigentliche Beschaffungsabwicklung und Aktivierung von Investitionsgütern unterscheidet sich im Prinzip nicht von Abläufen in anderen Bereichen der Industrie, so daß auf dem Referenzprozeßmodell des Wirtschaftszweiges "Industrie" aufgesetzt werden kann. In dieser Arbeit wird nur die Beschaffung von Baugeräten dargestellt. Der Geschäftsprozeß zur Beschaffung anderer Investitionsgüter wie z.B. Büro- und Geschäftsausstattung wird nicht explizit berücksichtigt.

Die Modellierung und die graphische Darstellung der veränderten Geschäftsprozesse in Form von EPKs ist direkt im R/3 nicht möglich (siehe 5.3.3.2). In Vorgehensmodellen wird von SAP die Selektion und Reduktion von Funktionen und Geschäftsprozeß-Bausteinen in Work-shops anhand von Ausdrucken der EPKs an einer Pinnwand empfohlen (siehe z.B. KELLER UND TEUFEL 1997A, S.246). Im Rahmen dieser Arbeit wurde ebenfalls diese Vorgehensweise angewandt. Eine parallele Dokumentation der Abläufe mittels eines PC-Tools zur Erstellung von EPKs ist nicht erfolgt. Zur Abbildung des Geschäftsprozesses wird die Methode des IPP im Rahmen eines "Workshops" angewandt.

7.3.1 Unternehmensspezifische Variante auf der Ebene Szenarioprozeß

Aus den verschiedenen Unternehmensprozeßbereichen des Wirtschaftszweiges Industrie wird nur der Unternehmensprozeßbereich "Beschaffung" benötigt.

In dem Unternehmensprozeßbereich "Beschaffung" (siehe Abb. 10) der Prozeßsicht existiert keine spezifische Variante "Beschaffungsabwicklung für Anlagen". Daher müssen die einzelnen Geschäftsprozeß-Bausteine und die Kontrollflußlogik ausgehend von der vollständigen Sicht (Abb. 6) des Szenarioprozesses "Beschaffungsabwicklung" selektiert und reduziert werden. Eine Hilfestellung bietet die WSK-Darstellung des Szenarioprozesses (siehe Abb. 7). Die Gruppen "Lager" und "Leistungserfassung" werden offensichtlich nicht benötigt. Bei den Gruppen "Wareneingang" und "Qualitätsprüfung" sind ein paar Anmerkungen erforderlich. Die bestellten Baugeräte werden vom Lieferanten an einen Bauhof der Dispositionsfirma bzw. direkt auf eine Einsatzstelle geliefert und dort bei der Warenannahme auf "Qualität" geprüft. Die Baufirma erhält eine Wareneingangsbestätigung von der Dispositionsfirma als Basisbeleg zur Rechnungsprüfung. Eine systemtechnische Erfassung des Wareneingangs für Anlagen ist im R/3 nicht zwingend erforderlich. Da eine Bestellentwicklung, eine Lieferantenbeurteilung nach Liefertermintreue oder Mengentoleranz, eine Bestellüberwachung und eine Materialbewertung nicht durchgeführt wird, wird beschlossen, den Wareneingang nicht "formal" im R/3 zu erfassen. Die Bestandsführung und die Einsatzverfolgung findet im Legacy-System statt. Es bleiben letzlich die drei Gruppen "Bestellanforderung", "Einkauf" und "Rechnungsprüfung" des Szenarioprozesses, die im R/3 abgebildet werden und die in der EPK-Darstellung zu untersuchen sind (Abb. 19).

Abb. 19   **Unternehmensspezifischer Szenarioprozeß in WSK-Darstellung**

Die Bestellanforderung zur Beschaffung des Baugerätes erfolgt aus der "externen" Disposition heraus. Alle eingehenden Prozeßwegweiser des Szenarioprozesses zu anderen Szenarioprozessen im R/3 wie z.B. zur Investitionsmaßnahmenabwicklung können daher gestrichen werden. Alle ausgehenden Prozeßwegweiser wie z.B. zur "Vertriebsabwicklung" oder zur "Serviceabwicklung" können ebenfalls entfernt werden. Es bleibt nur ein Verweis zur "Investitionsabwicklung". Auch etliche Geschäftsprozeß-Bausteine können weggelassen werden. Als Ergebnis erhält man einen reduzierten Szenarioprozeß mit weniger Geschäftsprozeß-Bausteinen und einer einfacheren Kontrollflußlogik. In der Gruppe "Bestellanforderung" gibt es nur einen Geschäftsprozeß-Baustein "Bestellanforderungsbearbeitung". In der Gruppe "Einkauf" bleiben nur die Geschäftsprozeß-Bausteine "Bestellanforderungszuordnung", "Bestellungsbearbeitung" und "Kontraktabruf" übrig. Aus einer Bestellanforderung (BANF) kann nur dann eine Bestellung im R/3 erzeugt werden, wenn vorher der BANF eine Bezugsquelle zugeordnet ist. Eine Bezugsquelle kann ein Lieferant oder ein Kontrakt sein. Die Bezugsquelle kann im R/3 beim Erfassen der BANF bereits mitangegeben werden. Die Dispositionsfirma darf nur festlegen welches Gerät gekauft werden soll, aber nicht bestimmen bei welchem Lieferanten das Gerät bezogen werden soll. Die Bezugsquellenzuordnung erfolgt durch die Baufirma. Die möglichen Abläufe im R/3 sind im Geschäftsprozeßbaustein "Bestellanforderungszuordnung" dargestellt.

In der Gruppe "Rechnungsprüfung" gibt es mehrere Geschäftsprozeß-Bausteine, die nicht einzeln hier aufgeführt werden.

7.3.2 Unternehmensspezifische Variante auf der Ebene Geschäftsprozeß-Baustein

In diesem Kapitel wird als Beispiel für die dritte Selektions- und Reduktionsstufe der Geschäftsprozeß-Baustein "Bestellanforderungsbearbeitung" untersucht. Die anderen Geschäftsprozeß-Bausteine des Szenarioprozesses werden nicht beschrieben. Auf dieser Ebene kann jetzt die Methode des IPP (siehe 5.4.2) mit den verschiedenen Verzweigungsmöglichkeiten im R/3 eingesetzt werden. Alle eingehenden Prozeßwegweiser im R/3-Standard spielen keine Rolle. Das "auslösende" Ereignis für den Geschäftsprozeß-Baustein lautet "Kaufaufforderung entstanden" und wird neu in die EPK aufgenommen. Die Verbindung zu dem externen Legacy-System wird hier nicht über einen Prozeßwegweiser dargestellt, da es sich um einen interorganisationellen Geschäftsprozeß handelt. Die Entscheidungsfindung zum Kauf wird in der Dispositions-Software abgewickelt und ist trotz der vereinbarten fachlichen Regeln kein direkter Darstellungsteil des Geschäftsprozesses des Bauunternehmens. Der Fall ist ähnlich gelagert, wie z.B. die Darstellung von der Bestellung zum Wareneingang. Der dazwischenliegende Teil des Lieferanten wird nicht in der EPK-Darstellung des Bestellers erfaßt, auch wenn konkrete Vorgaben bezüglich Herstellung oder Verpackung an den Lieferanten weitergegeben werden. Die Verbindung zu den "Geschäftsprozessen" des Lieferanten erfolgt nur über die Ereignisse "Bestellung an Lieferant übermittelt" und "Ware eingetroffen" und nicht über Prozeßwegweiser.

Der Vorteil der Methode IPP zeigt sich hier besonders bei der Erarbeitung der Schnittstelle zur Dispositionssoftware. Ausgehend von der EPK-Darstellung des zeitlich-logischen Ablaufes kann aus dem Referenzprozeßmodell in das R/3-Business-Objekt-Repository verzweigt werden, um die erforderlichen Daten zur Erfassung einer Bestellanforderung (BANF) aufzuzeigen. Eine weitere Verzweigung in das Data-Dictionary des R/3 ist nicht erforderlich, da die BANF als SAP Business Objekt in der Version 3.1H vorhanden ist (siehe Abb. 17).

Die erforderlichen Daten zum Anlegen einer BANF über eine Methode (BAPI) des SAP Business Objekts können der Beschreibung des SAP Business Objekts entnommen werden.

Eine BANF kann entweder mit Materialnummer oder nur mit einer Materialbezeichnung ohne Materialnummer angelegt werden. Dies läßt sich im Dialog direkt durch Verzweigen in die Online-Dokumentation finden. Diese Information muß daher nicht aus den Beschreibungen zur Materialwirtschaft (SAP 1997M) "mühselig" herausgesucht werden. In diesem Praxisbeispiel wird die Erfassung mit Materialnummer gewählt. Die Baugeräte sind alle mit ihren technischen und kalkulatorischen Daten in einer vom Hauptverband der deutschen Bauindustrie herausgegebenen Baugeräteliste (BGL 1991) eindeutig über eine Nummer beschrieben und klassifiziert. Diese Geräte werden von der Baufirma im R/3-Materialstamm mit der BGL-Nummer als Materialnummer erfaßt. Bei einer Bestellanforderung mit Materialnummer ist das zu bestellende Baugerät daher bereits eindeutig definiert.

Die Verzweigung ins Organisationsmodell zeigt, daß als Systemorganisationseinheit zum Weiterverarbeiten einer BANF die Einkäufergruppe fachlich zuständig ist. Die Einkäufergruppe wird beim Anlegen einer BANF mit Materialnummer automatisch aus der werksspezifischen Einkaufssicht der Materialstammdaten ermittelt, da das den Bedarf anfordernde "Werk" (zur Definition siehe SAP 1997F, S.W_29f) beim Erfassen der BANF angegeben wird. Dies läßt sich im Dialog zum einen durch ein Verzweigen aus dem Prozeßmodell in die R/3-Online-Dokumentation und zum andern durch Verzweigen in die Modellfirma IDES als allgemeinen "Prototyp" von SAP zeigen.

Die Auswahl der einzelnen Funktionen und Reduktion der Kontrollflußlogik wird aus Platzgründen nicht weiter beschrieben.

7.3.3 Unternehmensspezifische Variante auf der Ebene Funktionsbaustein

Ausgehen von der Funktion "Einkaufsbelegart auswählen" des Geschäftsprozeß-Bausteines "Bestellanforderungsbearbeitung" können durch Verzweigen in das Customizing die verschiedenen von SAP vorgedachten Varianten analysiert werden. Auf der Ebene der Belegart existieren verschiedene Funktionsvarianten. Neben der Definition für den Nummernkreis der Bestellanforderung können über die Belegart aufgrund von zulässigen Positions- und Kontierungstypen z.B. die Feldauswahl und die Kontierung gesteuert werden. In unserem Fall ist nur die Kontierung auf eine Anlage zulässig. Diese Variantenbildung auf Funktionsebene ist eine mandantenspezifische Einstellung. Es ist explizit darauf hinzuweisen, daß im Customizing auch mandanten-un-abhängige Einstellungen als Variantenbildung auf Funktionsebene vorgenommen werden können. Beispiele hierfür sind die Definition von Konditionstabellen und Definitionen für das Logistik-Informations-System (SAP 1997J, S.4). Im Rahmen dieser Arbeit wird eine weitere Variantenbildung auf Funktionsebene nicht durchgeführt, d.h. es werden weder Customizing-Einstellungen noch mögliche Coding-Erweiterungen über User Exits oder Coding-Modifikationen vorgenommen.

7.4 SAP Business Workflow zur Unterstützung des Geschäftsprozesses

Im folgenden wird der Lösungsansatz zur "Modellierung des Workflows" (zur Begriffsdefinition siehe BÖHM U.A. 1997, S.74) mit dem SAP Business Workflow skizziert. Dabei werden verschiedene Varianten in der Anbindung des externen Legacy-Systems kurz beschrieben. Die konkrete Implementierung kann anhand dieser ausführlichen Implementierungsübersicht relativ einfach im R/3 vorgenommen werden.

In einem Grundschema (siehe 7.4.3) wird zuerst der einfache Arbeitsablauf zur Beschaffung der Geräte ohne Freigabeverfahren modelliert. Anschließend wird das Freigabeverfahren als eigenes Sub-Workflow-Schema definiert und in das Grundschema zu einem erweiterten Workflow-Schema integriert (siehe 7.4.4).

Der Einsatz eines externen Workflow-Management-System statt SAP Business Workflow zur Steuerung des Workflows wird hier nicht weiterverfolgt, da die objektorientierte und integrierte Verbindung vom SAP Business Workflow zur Anwendungsfunktionalität des R/3 auf relativ einfache Weise alle Arbeitsvorgänge aus der Sicht des Bauunternehmens unterstützt. Die R/3-Anwendungsfunktionalität wäre im Prinzip über die BAPIs zum jetzigen Zeitpunkt auch durch ein externes WfMS aufrufbar. Die Schnittstelle 3 "Invoked Applications" der WfMC zum Aufruf von Anwendungsfunktionalität durch ein WfMS ist aber zum jetzigen Zeitpunkt noch nicht standardisiert. Da R/3 als strategisches Software System im Bauunternehmen definiert wurde, überwiegen die Vorteile einer integrativen Nutzung der verschiedenen Werkzeuge vom SAP Business Workflow gegenüber dem Einsatz eines externen WfMS. Zukünftig wäre auch eine mögliche Kopplung der Workflow-Engine vom SAP Business Workflow mit Workflow-Engines anderer WfMS über eine dann genormte Schnittstelle 4 "Workflow Interoperability" zu untersuchen, die auf dem jetzigen Lösungsvorschlag aufbaut. Dadurch wäre eine Kopplung mit Workflows im Dispositionssystem möglich.

7.4.1 Pflege der Aufbauorganisation

Vor der Definition des Workflow-Schemas muß die Aufbauorganisation im R/3 gepflegt werden, damit bei der Aufgabendefinition die Bearbeiter zugeordnet werden können. Der Pflegedialog zur Aufbauorganisation kann direkt aus der Workflow-Workbench oder über verschiedene Menüpfade - wie z.B. über die Personalplanung - aufgerufen werden. Die Zuordnung von Benutzern zu Planstellen oder Organisationseinheiten muß noch nicht zur Definitionszeit des Workflow-Schemas erfolgen, muß aber spätestens bei der Instanziierung zur Laufzeit vorliegen. Folgende Organisationseinheiten mit mindestens je einer Stelle und je einer Planstelle sind erforderlich:

- Organisationseinheit "Anlagenbuchhaltung"
- Organisationseinheit "Einkauf"
- Organisationseinheit "externer Disponent"
- Organisationseinheit "Genehmigung"
- Organisationseinheit "Workflow-Administration"

Die hierarchische Einordnung der einzelnen Organisationseinheiten in die gesamte Aufbauorganisation des Unternehmens ist an dieser Stelle nicht von Bedeutung. Wenn die Anwendungskomponente "HR - Human Resources" im R/3 nicht eingesetzt wird, reicht es sogar aus, nur die durch das WfMS angesprochenen organisatorischen Einheiten zu pflegen, die unabhängig nebeneinander bestehen können. Die komplette Struktur der Aufbauorganisation kann bei einem späteren Einsatz von HR oder weiterer anderer Workflow-Schemata entwickelt und getestet werden, ohne die Abarbeitung aktiver Workflow-Instanzen zu beeinträchtigen (FRITZ UND ZUCK 1996, S.65).

7.4.2 Externes Auslösen des Workflow

Die technisch einfachste Möglichkeit zur Steuerung des Geschäftsprozesses durch ein WfMS wäre natürlich, wenn der Disponent einen direkten Zugang zum R/3-System des Bauunternehmens bekäme, die Bestellanforderung "online" erfaßt und dadurch im Mandanten der Baufirma eine Workflow-Instanz initiiert. Über das Berechtigungssystem ließe sich regeln, daß der Disponent keine anderen Funktionen im R/3 ausführen kann. Im Rahmen dieser Arbeit sollen aber Möglichkeiten zur anwendungsübergreifenden Auslösung bzw. Bearbeitung von Workflow-Schritten dargestellt werden.

Die Bestellanforderung soll ohne direkten Zugang des Disponenten zum R/3 automatisch im Batch aufgrund der übergebenen Daten aus einem externen System angelegt werden. Es stehen zur Zeit nur "interne SAP-Standards" als externe Schnittstellen zur Verfügung (siehe Punkt 6.6.6). Wie unter Punkt 6.6.3.3 ausgeführt, kann der Zugriff auf die R/3-Anwendungsfunktionalität nur über eine "Methode" auf einen "Objekttyp" erfolgen. Diese Grundvoraussetzung ist ab der Version 3.1H beim Business Objekt "Bestellanforderung" (BUS2009) im R/3-Standard mit der Methode "Bestellanforderung anlegen" (*CreateFromData*) gegeben. Die erforderlichen Input-Parameter sind bei der Methode beschrieben (Abb. 17). Die erste Möglichkeit zum "Auslösen" dieses Workflow-Schritts ist eine formularbasierte PC-Anwendung (siehe SAP 1997H, S.24_1ff). Die Entwicklung des Formulars erfolgt zentral mit der Entwicklungsumgebung von Visual Basic und dem SAP*Forms-Designer* unter Zugriff auf das R/3-System durch manuelle Zuordnung der einzelnen Felder des Containers per Drag-and Drop (SAP 1997H, S.24_12). Diese Formularanwendung wird zusammen mit der Laufzeit-komponente des Toolkits SAP*Forms* auf dem Frontend-PC des Disponenten installiert. Der Disponent erfaßt die für R/3 erforderlichen Beschaffungsdaten im Dialog in diesem Formular. Zur Verbesserung ihres eigenen Geschäftsprozesses wäre aber durch die Dispositionsfirma zu prüfen, ob die Dispositions-Software so angepaßt werden kann, daß das Visual-Basic-Formular maschinell aus der Bearbeitung anderer Vorgängen in der Dispositions-Software gefüllt werden kann.

Bei der Definition des Workflow-Schemas (= Workflow-Aufgabe) im R/3 muß die Bearbeiter-zuordnung zur Organisationseinheit "externer Disponent" und in diesem Fall zusätzlich eine manuelle Pflege der Workflow-Container-Definition erfolgen. Die Datenübergabe vom PC des Disponenten kann per Internet-Mail oder synchronem RFC erfolgen. Bei Datenübergabe mit synchronem RFC wäre - im Gegensatz zu einer Internet-Mail - lokal auf dem PC des Disponenten kein SAPGUI erforderlich (SAP 1997H, S.24_4). Eine Weitergabe über ein IDOC wäre zwar im Prinzip möglich, würde aber zuerst eine aufwendige eigene Definition des IDOC-Typs "Bestellanforderung" erfordern, da von SAP bislang weder ein ALE-Szenario noch ein EDI-Austausch mit Bestellanforderungen im Standard vorgesehen ist.

Als zweite Möglichkeit kann über einen bereits von SAP bereitgestellten C-Funktionsbaustein vom PC des Disponenten der ABAP-Funktionsbaustein *SAP_WAPI_START_WORKFLOW* im R/3 per RFC aufgerufen werden. Als Parameter erwartet dieser ABAP-Funktionsbaustein in seinen Aufrufparametern neben dem Schlüssel des aufzurufenden Workflow-Schemas die Ein-gabeparameter des Workflow-Schemas in Form von Wertepaaren "Feldname-Feldinhalt". Diese Wertepaare entsprechen den Inputparametern der Methode *CreateFromData*. Die Einrichtung der Kommunikationsverbindung auf R/3-Seite sowie auf dem externen PC des Disponenten erfordert einige systemtechnische Einstellungen beziehungsweise Installationen von Softwarekomponenten (siehe hierzu SAP 1997N und SAP 1997O). Diese Wertepaare müssen vom Disponenten in einer neu zu schaffenden Erfassungsmaske im Dispositionssystem eingegeben werden oder maschinell aus Bearbeitungsschritten in der Dispositionssoftware erzeugt werden.

Falls die Dispositionsfirma ihre Legacy-Software durch R/3 ablöst, müßte das Workflow-Schema aus einem Mandanten "Dispositionsfirma" des gleichen oder anderen R/3-Systems initiiert werden. Eine Änderung des Workflow-Schema ist im Mandanten der Baufirma nicht erforderlich. Im Mandanten der Dispositionsfirma müßte zur Unterstützung des Geschäfts-prozesses ein eigenes Workflow-Schema modelliert werden, da ein interorganisationelles und damit mandantenübergreifendes Workflow-Schema im R/3 nicht definiert werden kann (siehe 6.6.3). Als letzter Schritt müßte im Workflow-Schema der Dispositionsfirma eine Methode ausgeführt werden, die über eine logische RFC-Verbindung im Mandanten der Baufirma den ABAP-Funktionsbaustein *SAP_WAPI_START_WORKFLOW* aufruft.

7.4.3 Einfaches Workflow-Schema als Grundform

Die in dieser Arbeit modellierten Workflow-Schemata (siehe Abb. 20 bis 22) enthalten in den Aktivitäts-Schritten (siehe 6.6.3.1) als Platzhalter eine Aufgabenreferenz auf die Standardauf-gabe *wf_modtask*, die als "Dummy"-Aufgabe eine konsistente Top-Down-Modellierung der kompletten Struktur eines Workflow-Schemas in einer frühen Entwicklungsphase ohne explizite Erstellung der erforderlichen Methoden ermöglicht (SAP 1997H, S.21_43).

Ein erstes einfaches Workflow-Schema als Basis zur Unterstützung des Geschäftsprozesses ist in der Abb. 20 dargestellt. Ein auslösendes Ereignis muß dem Workflow-Schema nicht zu-geordnet werden, da die Instanziierung nicht durch den Ereignismanager des WfMS aufgrund eines publiziertes Ereignisses sondern durch einen speziellen Funktionsbaustein erfolgt (siehe Punkt 7.4.2). Es ist zu beachten, daß diese externe Auslösung nicht Teil der Schema-Defini-tion ist! Die Inputparameter des Workflow-Containers müssen deshalb manuell gepflegt werden. Normalerweise erfolgt bei der Definition des Workflow-Schemas die erforderliche Container-Definition automatisch durch Angabe des auslösenden Ereignisses.

Auf definierte Ausnahmen bei synchronen Methoden kann im Workflow-Schema bereits zur Definitionszeit reagiert werden und alternative Folgeschritte modelliert werden. Ist bei Auftreten der Ausnahme zur Laufzeit kein Folgeschritt im Workflow-Schema vorgesehen, so verbleibt das Workitem bei temporären Fehler mit dem Status "in Arbeit" im Eingangskorb des Bearbeiters und bekommt bei Anwendungs- oder Systemfehlern den Status "fehlerhaft"

(SAP 1997H, S.15_51f). Im letzten Fall erhält der im Workflow-Schema definierte Workflow-Administrator automatisch eine Express-Mail. Aus Gründen der Übersichtlichkeit werden Reaktionen auf mögliche beschriebene Ausnahmen bei einer Methode in dieser Arbeit nicht beschrieben.

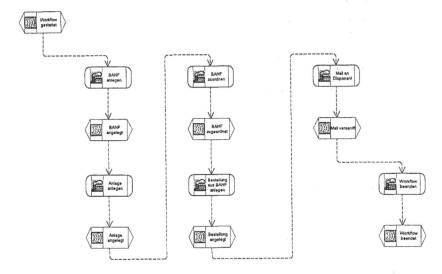

Abb. 20   Workflow-Schema: Investitionsgüter-Beschaffung in der Grundform

Der erste Schritt "BANF anlegen" im Workflow-Schema (Abb.20) besteht aus der Aufgabenreferenz (siehe Abb. in SAP 1997I, S.5_7) auf eine Einzelaufgabe mit der Methode *CreateFromData* des Objektyps BUS2009. Da von SAP keine Standardaufgabe (Typ TS) mit dieser Methode vordefiniert wurde, muß diese Aufgabe kundenspezifisch (Typ T) angelegt werden. Die Einzelaufgabe wird als synchrone Hintergrundaufgabe angelegt und bedarf daher keiner Zuordnung eines Bearbeiters. Als internes Folgeereignis dieses Schritts entsteht das Ereignis mit der Bezeichnung "BANF angelegt".

Die nächste Schritt "Anlage anlegen" des Workflow-Schemas ist auch eine Aufgabenreferenz auf eine kundenspezifische Einzelaufgabe, die aber als synchrone Dialogmethode definiert wird. Die Einzelaufgabe referenziert auf die Methode *Create* des Business Objekts BUS1022 "Anlage". Als Bearbeiter dieses Schritts wird die Planstelle der Organisationseinheit "Anlagenbuchhaltung" zugeordnet. Alle dieser Planstelle zugeordneten Benutzer können dieses Workitem in ihrem Eingangskorb sehen. Dem Text des Workitems kann der Anlagenbuchhalter die Materialnummer des Geräts entnehmen. Die Materialnummer wird dabei als Variable aus dem Workflow-Container in die Anzeige des Workitem-Textes im Eingangskorb übernommen. Die Materialnummer entspricht der BGL-Nummer des Gerätes, das dadurch eindeutig für die Stammsatzpflege in der Anlagenbuchhaltung beschrieben ist. Bei der Definition dieses Workflow-Schrittes könnte zusätzlich eine Nebenmethode (SAP 1997H, S.15_50) zum Anzeigen des Material in einem amodalen Dialogfenster angelegt werden. Andererseits hat der Anlagenbuchhalter beim Erfassen der Anlage jederzeit selbst die Möglichkeit in den Materialstamm zu verzweigen, so daß hier auf die Definition der Nebenmethode verzichtet wird. Als Ergebnis der Dialogerfassung resultiert das Workflow-interne Folgeereignis "Anlage angelegt".

Für die nächsten beiden Schritte "BANF zuordnen" und "Bestellung aus BANF anlegen" werden in der Version 3.1H zur Definition im Workflow-Schema noch keine Methoden von SAP zur Verfügung gestellt. Daher muß im ersten Fall eine synchrone Dialogmethode auf das Business Objekt BUS2009 und im zweiten Fall auf das BUS2012 "Bestellung" kundenspezifisch angelegt werden. Zur Erweiterung eines Original Business Objekts von SAP muß eine Kopie angelegt werden. Auf die Beschreibung der Methode mit ihren Parametern, die tiefere Anwendungskenntnisse der "Black box" erfordert, wird hier aus Platzgründen verzichtet. Die Realisierung und Implementierung erfordert ABAP-Programmierkenntnisse. In *allen* Aufgabendefinitionen muß wegen der Objektreferenz statt des SAP Business Objekts immer der kundenspezifische Objekttyp angegeben werden. Zur einfacheren Nachvollziehbarkeit wird in dieser Arbeit weiter die Nummer des ursprünglichen SAP Business Objekts angegeben. Als Objektreferenz wird jeweils die Nummer der Bedarfsmeldungsposition weitergegeben.

Als mögliche Bearbeiter dieser beiden Schritte wird jeweils die Planstelle der Organisationseinheit "Einkauf" zugeordnet. Sofern im SAP-Office-Benutzerstamm die "automatische Weiterreichung" aktiviert wurde, wird ein nachfolgendes Workitem ohne Umweg über den Eingangskorb sofort ausgeführt (SAP 1997H, S.17_37). Als interne Folgeereignisse entstehen "BANF zugeordnet" bzw. "Bestellung angelegt".

Im letzten kundenspezifischen Schritt vor dem Standardschritt "Workflow beenden" wird automatisch als Folge auf das interne Ereignis "Bestellung angelegt" eine Nachricht aus dem R/3 heraus an den Disponenten versandt. In der referenzierten Einzelaufgabe wird dazu die Methode *SendTaskDescription* vom Objekttyp SELFITEM (SAP 1997H, S.21_43) verwendet. Diese Aufgabe wird als "generelle Aufgabe" im Hintergrund definiert (SAP 1997I, S.58_4).

Der Empfänger der Nachricht (Planstelle der Organisationseinheit "Disponent") wird als Parameter bei der Methode eingegeben. Beim neutralen Benutzer "Disponent", der dieser Planstelle zugeordnet ist, muß im SAP-Office das automatische Weiterleiten (siehe SAP 1997P, S.13_1) an eine externe Adresse - z.B. eine Internet-Addresse oder eine FAX-Nummer - eingestellt sein.

7.4.4 Erweitertes Workflow-Schema mit Freigabeverfahren

In einer verbesserten und umfangreicheren Version des Ablaufes zur Unterstützung des Controllings (siehe 7.2) unterliegen Bestellanforderungen, die bestimmte Kriterien erfüllen, einer Genehmigungspflicht. Die einzelnen Schritte zur Freigabe werden separat in einer eigenen Mehrschrittaufgabe definiert. In das Grundschema wird diese Aufgabe dann als Sub-Workflow-Schema mitaufgenommen. Die vier Schritte des Grundschemas "Anlage anlegen", "Banf zuordnen", "Bestellung anlegen" und "Bestätigung an Disponent" (siehe Abb. 20) werden mehrmals an verschiedenen Stellen benötigt. Daher werden sie mit ihren internen Folgeereignissen zu einem eigenen Sub-Workflow-Schema "Beschaffung" zusammengefaßt. Diese bausteinartige Definition von einzelnen Teilschemata erhöht die Wiederverwendbarkeit und die Übersichtlichkeit der Ablaufdarstellung.

Innerhalb des R/3 liegen die Funktionalitäten zur Freigabe von Bestellanforderungen oder auch sonstiger Einkaufsbelege auf Applikationsebene (siehe zum folgenden SAP 1997M, S.16_1ff). Der SAP Business Workflow kann an dieses fachliche Freigabeverfahren angebunden werden, um den einzelnen möglichen Bearbeitern das Freigabeobjekt automatisch in einem Workitem zuzustellen (SAP 1997M, S.16_9). Der Anwender muß nicht selbst die Transaktion zur Freigabe aufrufen. Die Freigabebedingungen werden als Merkmale über das Materialwirtschafts-Klassensystem definiert. In einer Freigabestrategie wird zum einen die Reihenfolge festgelegt, in welcher die Freigabestellen die definierten Freigabeobjekte bearbeiten müssen und zum andern, welches interne Freigabekennzeichen vergeben wird. Jeder Schritt in dieser Reihenfolge ist durch einen eigenen Freigabecode eindeutig definiert. Jede Freigabestelle besitzt einen Freigabecode, der normalerweise als "workflow-relevant" gekennzeichnet sein muß, damit automatisch ein separater Workflow beim Eintreten des Ereignisses initiiert wird. In unserem Fall werden aber die Freigabecodes *nicht* als workflow-relevant gekennzeichnet, da die Steuerung der Freigabe durch ein Haupt-Workflow-Schema erfolgen muß (s.u.). Damit ist gewährleistet, daß der aktuelle Stand der Bearbeitung dieses gesamten Arbeitsvorganges vollständig vom Anlegen der BANF bis hin zum Bestellen des Gerätes unter einer Workflow-Instanz kontrolliert und verfolgt werden kann. Zur weiteren Verfeinerung des

Freigabeverfahrens wird über unterschiedliche Freigabecodes die Bestellanforderung je nach Merkmalsausprägung der Freigabekriterien den unterschiedlichen Freigabestellen zugeordnet. Die Spezialgeräte sind alle in einer bestimmten Warengruppe gruppiert und werden unabhängig vom Investitionswert zur Freigabe einer technischen Abteilung zugeordnet. Alle Geräte mit einer anderen Warengruppe werden in Abhängigkeit vom Bestellwert einer anderen Freigabe-Stelle zugeordnet.

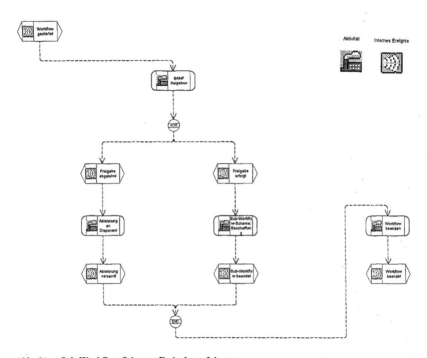

Abb. 21   Sub-Workflow-Schema: Freigabeverfahren

Zur Erstellung der Mehrschrittaufgabe "Freigabeverfahren" (siehe Abb. 21) können zwei Hilfsmittel verwendet werden. Zum einen kann mit Unterstützung des Workflow-Wizzard interaktiv das Workflow-Schema erstellt werden. In der Version 3.1H existiert ein hierarchischer Genehmigungsworkflow *HIERARCHICAL* zur Definition eines Workflow-Schemas, in dem mehrere festgelegte Bearbeiter nacheinander über die Freigabe eines Objekts entscheiden (SAP 1997H, S.23_7). Zum anderen wird von SAP speziell für die Freigabe von Bestellanforderungen das Workflow-Muster *wf_req_rel* (Freigabe Banf) als Szenario zur Verfügung gestellt, das als Vorlage kopiert werden kann (SAP 1997G, S.9_1ff).

Im Rahmen dieser Arbeit wird die Mehrschrittaufgabe als eine veränderte Kopie des Work-flow-Musters *wf_req_rel* von SAP erstellt. Wenn eine Aufgabe wie hier in diesem Sub-Work-flow-Schema nur als Schritt in einem Workflow-Schema verwendet wird, dann müssen keine auslösenden Ereignisse definiert werden (SAP 1997G, S.1_18). Der erste Schritt "Banf freigeben" mit der Methode *Release* kann auf verschiedene Ereignisse des Objekttyps "Bestel-lanforderung" reagieren. Die Freigabestellen im Bauunternehmen können aufgrund des Customizing der Feldauswahlleisten und Freigabekennzeichen entweder freigeben oder ableh-nen. Aus der Kopiervorlage können daher alle Zweige bis auf die Ablehnung und die Freigabe gelöscht werden. Im Ablehnungszweig wird der standardmäßige Ablehnungsschritt durch eine analoge Schrittdefinition zu "Bestätigung an Disponent" ersetzt und eine Ableh-nungsmeldung an den Disponenten versandt. Im Freigabezweig wird der standardmäßige Bestätigungsschritt durch die Folge von Schritten zur Beschaffung des Gerätes ersetzt. Das Sub-Workflow-Schema "Freigabeverfahren" (siehe Abb. 21) enthält daher im Freigabezweig das Sub-Workflow-Schema "Beschaffung".

Das gesamte erweiterte Workflow-Schema ist in Abb. 22 dargestellt. Die definierte Mehr-schrittaufgabe "Freigabeverfahren" wird neben dem zusammengefaßten Sub-Workflow-Sche-ma "Beschaffung" als Schritt in ein erweitertes Grundschema integriert. Da nicht alle Bestel-lanforderungen dem Freigabeverfahren unterliegen, muß ein Entscheidungsschritt mit Ver-zweigung modelliert werden. Die Entscheidungsdaten (Wert des Feldes "Freigabecode") werden vorher in einem Hintergrundschritt "BANF lesen" explizit mit der Methode *GetList* vom Objekttyp *BUS2009* in den Workflow-Container übertragen. Dadurch ist gewährleistet, daß die Steuerung des gesamten Workflows im R/3 durch *ein* Workflow-Schema erfolgt. Wären die Freigabecodes im Customizing der Materialwirtschaft als "workflow-relevant" gekennzeichnet worden, so würde aus einem im SAP Standard vorhandenen Workflow-Schema nach dem Eintreten des Ereignisses eine separate Workflow-Instanz initiiert werden. Der Entscheidungsschritt wird als Hintergrundschritt angelegt. In Abhängigkeit des Frei-gabecodes wird entweder nach dem internen Ereignis "Beschaffung MIT Freigabe" das Sub-Workflow-Schema "Freigabeverfahren" oder nach dem internen Ereignis "Beschaffung OHNE Freigabe" - d.h. der Freigabecode hat einen initialen Wert - das Sub-Workflow-Schema "Be-schaffung" als Folgeschritt ausgeführt.

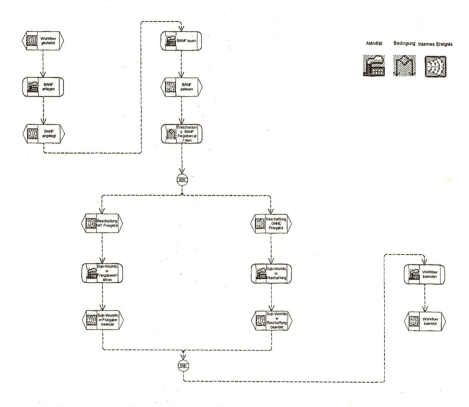

Abb. 22 Erweitertes Workflow-Schema mit Freigabeverfahren

Mit diesem Workflow-Schema kann der Beschaffungsvorgang im Bauunternehmen flexibel durch das Laufzeitsystem vom SAP Business Workflow gesteuert werden. Der aktuelle Bearbeitungsstand des Beschaffungsvorgangs kann über das Monitoring verfolgt werden. Durch die "Aktivierung" der Terminüberwachung - bei den Dialogschritten "Anlage anlegen", "BANF zuordnen" und "Bestellung aus BANF anlegen" im Sub-Workflow-Schema "Beschaffung" - können im Sinne eines "Exception-Managements" auch zeitliche Verzögerungen der manuellen Bearbeitungsschritte rechtzeitig erkannt werden.

8 Zusammenfassung und Ausblick

Die Begriffe Arbeitsablauf, Geschäftsprozeß und Workflow werden gegeneinander abgegrenzt und zusammen mit verwandten Begriffen definiert. Nach einer kurzen Übersicht über verschiedene Methoden zur Ablaufmodellierung innerhalb einer Software wird die Methode der "Ereignisgesteuerten Prozeßkette" (EPK) ausführlich beschrieben.

Im R/3 hat SAP die gesamte betriebswirtschaftliche Funktionalität der Software im Referenzprozeßmodell auf Basis der EPK für den Anwender offengelegt. Zu Reduzierung der Komplexität existieren branchenspezifische Sichten auf das Referenzprozeßmodell. Der Anwender kann zu einem frühen Zeitpunkt der Software-Einführung sehen, inwieweit mit der von SAP vorgedachten Funktionalität seine Anforderungen abgedeckt werden. Reduktionen oder auch Modifikationen und Erweiterungen des R/3-Referenzprozeßmodells können derzeit nur außerhalb von R/3 erfolgen. In der Version 4.0 sind mit dem "R/3 Business Engineer" als wissenensbasiertem Werkzeug Änderungen am Referenzprozeßmodell in Form von Reduktion möglich.

Die Methode des Iterativen Prozeß-Prototypings (IPP) bietet auf der Ebene der Geschäftsprozeß-Bausteine verschiedene, vernetzte Verbindungswege von betriebswirtschaftlicher und software-technischer Sicht auf das System R/3.

Der Arbeit ist die Terminologie des Arbeitskreises der Gesellschaft für Informatik im Bereich des Workflow-Managements zugrundegelegt. Auf der Basis eines allgemeinen Architekturvorschlages für ein Workflow-Management-System (WfMS), der verschiedenen Aspekte von Workflow-Sprachen und den Standardisierungen der Workflow Management Coalition (WfMC) werden die Ausdrucksmöglichkeiten, Komponenten und externen Kopplungsmöglichkeiten vom SAP Busines Workflow beschrieben.

Im R/3 wird für die Modellierung der Workflow-Schemata und für die Darstellung der betriebswirtschaftlichen Ablauflogik in Prozeßmodellen mit der Methode der Ereignisgesteuerten Prozeßkette ein einheitliches Werkzeug verwendet. Eine Übernahme von Sequenzen aus dem Geschäftsprozeß-Baustein in ein Workflow-Schema als Basis zur verfeinerten Modellierung unternehmensspezifischer Abläufe ist leider nicht möglich. Zur Erstellung unternehmensspezifischer Workflow-Schemata bietet SAP aber vordefinierte Workflow-Schema auf Basis des Referenzprozeßmodells als Muster an, die als Sub-Workflow-Schema oder als eigenständiges Schema verwendet werden können.

Der Zugriff auf die Anwendungsfunktionalität des R/3 erfolgt objektorientiert über Methoden eines Business Objekts. Die Zuordnung von Bearbeitern zu Workitems erfolgt dynamisch zur Laufzeit über Rollenauflösung und die mandantenspezifische Aufbauorganisation.

Die Modellierung und Steuerung von Workflows kann derzeit nur innerhalb eines R/3-Mandanten erfolgen.

SAP hat im SAP Business Workflow bereits die bisher einzige offizielle Schnittstellendefinition der WfMC integriert und bietet zusätzliche Möglichkeiten zur Anbindung externer Anwendungssysteme. Die an einem Praxisbeispiel dargestellten Möglichkeiten zur Einsetzbarkeit vom SAP Business Workflow in einer heterogenen Software-Architektur lassen sich problemlos auch auf ähnliche Anwendungsfälle aus anderen Branchen übertragen.

Innerhalb der Branche Bauwesen gibt es im Bereich der Nachunternehmer-Abwicklung ein weiteres und auch weites Anwendungsgebiet zum Einsatz vom SAP Business Workflow zur Steuerung anwendungsübergreifender Geschäftsprozesse. Zum Beispiel wäre zu untersuchen, wie der bidirektionale Austausch von Leistungsverzeichnissen und Nachunternehmer-Bewertungen zwischen einer Spezialsoftware für die technische Baukalkulation und dem SAP R/3 als System zur Beschaffung von Dienstleistungen (= Nachunternehmerleistung) mit SAP Business Workflow unterstützt und gesteuert werden kann.

9 Literaturverzeichnis

[AICHELE UND KIRSCH 1995] C. Aichele, J. Kirsch: Geschäftsprozeßanalyse auf Basis von Kennzahlensystemen. in m&c Management & Computer 3 (1995) Heft 2, S.123-132

[BECKER 1996] M. Becker: Workflow-Management - Szenarien und Potentiale. in [ÖSTERLE UND VOGLER 1996] S.319-341

[BECKER U.A. 1995] J. Becker, M. Rosemann, R. Schütte: Grundsätze ordnungsmäßiger Modellierung. in Wirtschaftsinformatik 37 (1995) 5, S. 435-445

[BERNINGHAUS UND BOGDANDY 1997] H. Berninghaus, C.v. Bogdandy: Management komplexer Zusammenhänge durch systemisches Denken. in Industriemanagement 13 (1997) 6, GITO-Verlag, S. 55-58

[BGL 1991] Hauptverband der deutschen Bauindustrie e.V. (Hrsg): BGL Baugeräteliste 1991 Technisch-wirtschaftliche Baumaschinendaten. Bauverlag GmbH, Wiesbaden, Berlin, 1991

[BÖHM U.A. 1997] M. Böhm, C. Bußler, R. Kaschek, W. Liebhart, B. Paech, K. Stein: Kapitel B - Modellierung. in [JABLONSKI U.A. 1997] S.29-134

[BOLD U.A. 1997] M. Bold, M. Hoffmann, A.-W. Scheer: Parameterassistenten zur Optimierung von betriebswirtschaftlicher Standardsoftware. in IM Information Management 4, 1997, S. 55-61.

[BRENNER UND KELLER 1995] W. Brenner, G. Keller (Hrsg.): Business Engineering mit Standardsoftware. Campus Verlag, Frankfurt am Main 1995

[BUßLER 1997] C. Bußler: Organisationsverwaltung in Workflow-Management-Systemen. Arbeitsberichte des Instituts für mathematische Maschinen und Datenverarbeitung Band 30 Nummer 3, Dissertation, Erlangen 1997

[CURRAN 1997] T. A. Curran: Mit IDS, Intellicorp und Visio modelliert SAP die Zukunft. in SAP Info Nr. 53, SAP AG (Hrsg.) Walldorf, März 1997 S. 36-39

[CURRAN UND KELLER 1998] T.A. Curran, G. Keller: SAP R/3 Business Blueprint: Understanding the business process reference model. Prentice-Hall PTR, New Jersey 1998

[DEITERS 1997] W. Deiters: Prozeßmodelle als Grundlage für ein systematisches Management von Geschäftsprozessen. in Informatik Forschung und Entwicklung (1997) 12, S.52-60

[DEITERS U.A. 1995] W. Deiters, V. Gruhn, R. Striemer: Der FUNSOFT-Ansatz zum integrierten Geschäftsprozeßmanagement. in Wirtschaftsinformatik 37 (1995) 5, S.459-466

[DELLEN U.A. 1997] B. Dellen, H. Holz, F. Maurer, G. Pews: Wissensbasierte Techniken zur Flexibilisierung von Workflowsystemen. in [OBERWEIS UND SNEED 1997] S. 228-243

[DERSZTELER 1996] G. Derszteler: Workflow Management Cycle. Ein Ansatz zur Integration von Modellierung, Steuerung und Überwachung workflowgestützter Geschäftsprozesse. Wirtschaftsinformatik 38 (1996) 6, S.591-600

[DESEL UND OBERWEIS 1996] J. Desel, A. Oberweis: Petri-Netze in der Angewandten Informatik. Einführung, Grundlagen und Perspektiven. in Wirtschaftsinformatik 38 (1996) 4, S.359-366

[DIN 1996] DIN Deutsches Institut für Normung e.V. (Hrsg.): Geschäftsprozeßmodellierung und Workflow-Management, Forschungs- und Entwicklungsbedarf im Rahmen der Entwicklungsbegleitenden Normung (EBN). DIN-Fachbericht Nr. 50, Verlag Beuth, Berlin et al., 1996

[ECKBAUER 1997A] D. Eckbauer (Hrsg.): Was bringt das Netz der Netze? blickpunkt: Internet. focus Beilage (1/97) zur Computerwoche vom 25.04.997, Computerwoche Verlag, München 1997

[ECKBAUER 1997B] D. Eckbauer (Hrsg.): Neues Verständnis von Büroprozessen. blickpunkt: Workflow. focus Beilage (4/97) zur Computerwoche vom 22.08.1997, Computerwoche Verlag, München 1997

[ECKBAUER 1998] D. Eckbauer (Hrsg.): Software-Trends Zwischen alten und neuen Welten. Extra Beilage (1/98) zur Computerwoche vom 20.02.1998, Computerwoche Verlag, München 1998

[ECKERT 1997] H. Eckert: Workflow statt isolierte Geschäftsprozesse. in [ECKBAUER 1997B], S.14-16

[EGE UND WOLFF 1997] G. Ege, H. Wolff: Dem Workflow Beine gemacht. in [ECKBAUER 1997A], S.17-19

[FANDEL 1981] G. Fandel: Industriebetriebslehre -Sonderprobleme der Produktionstheorie I. Kurseinheit 3 des Kurses 0745 an der Fernuniversität Hagen. Mat. Nr. 000 074 276 (04/93), Hagen 1981

[FANDEL 1991] G. Fandel: Produktion I. 3.Aufl., Springer-Verlag, Berlin, 1991

[FERSTL UND SINZ 1993] O.K. Ferstl, E.J. Sinz: Geschäftsprozeßmodellierung. in Wirt schaftsinformatik 35 (1993) 6, S. 589-592

[FERSTL UND SINZ 1995] O.K. Ferstl, E.J. Sinz: Der Ansatz des Semantischen Objektmodells (SOM) zur Modellierung von Geschäftsprozessen. in Wirtschaftsinformatik 37 (1995) 3, S.209-220

[FRITZ 1994] F.-J. Fritz: Business Workflow Management und Standard-Anwendungssoftware. Management & Computer 2 (1994) 4, S. 277-286

[FRITZ UND ZUCK 1996] F.-J. Fritz, W. Zuck: Flexibles Prozeßmanagement mit SAP Business Workflow. in SAP-Info Thema "Continuous Business Engineering", SAP AG, Walldorf, März 1996, S.63-66

[GALLER 1997] J. Galler: Vom Geschäftsprozeßmodell zum Workflow-Modell. Gabler Verlag, Wiesbaden, 1997 (Zugl.: Saarbrücken, Univ. Diss., 1997)

[GALLER UND SCHEER 1995] J.Galler, A.-W. Scheer: Workflow-Projekte: Vom Geschäfts-prozesmodell zur unternehmensspezifischen Workflow-Anwendung. in IM Information Management 10 (1995) 1, S.20-27

[GAITANIDES 1983] M. Gaitanides: Prozeßorganisation - Entwicklung, Ansätze und Programme prozeßorientierter Organsiationsgestaltung. Vahlen, München 1983

[GEHRING 1996] H. Gehring: Betriebliche Anwendungssysteme; Kurseinheit 1 des Kurs 0825 an der FernUniversität Hagen, Mat.Nr. 00 868 761 (10/96). Hagen 1996

[GEHRING U.A. 1996] T. Gehring, S. Krauss, S. Gruler: Strategien zur Einführung verteilter Anwendungssysteme. in SAP-Info Thema "Continuous Business Engineering", SAP AG, Walldorf, März 1996, S.60-63

[GÖTZER 1997] K. Götzer: Workflow - Unternehmenserfolg durch effiziente Arbeitsabläufe. 2. Aufl. Computerwoche Verlag, München 1997

[GRUHN 1997] V. Gruhn: Geschäftsprozesse werden immer komplexer. in [ECKBAUER 1997B] S. 17-19

[HANSMANN 1997] K.-W. Hansmann (Hrsg.): Management des Wandels. Gabler Verlag, SzU Band 60, Wiesbaden (1997)

[HANTUSCH U.A. 1997] T. Hantusch, B, Matzke, M.Perez: SAP R/3 im Internet: Globale Plattformen für Handel, Vertrieb und Informationsmanagement. Addison Wesley, Bonn, Reading, Massachusetts, 1997

[HÄSSIG UND ARNOLD 1996] K. Hässig, M. Arnold: Informationslogistik und Workflow Management. in Die Unternehmung 50 (1996) 2, S. 99-116

[HARS 1994] A. Hars: Referenzdatenmodelle: Grundlagen effizienter Datenmodellierung. Gabler Verlag, Wiesbaden, 1994 (zugl.: Saarbrücken, Univ. Diss., 1993)

[HAUSER 1996] C. Hauser: Marktorientierte Bewertung von Unternehmungsprozessen, Verlag Josef Eul, Bergisch-Gladbach, Köln, 1996 (zugl.: St. Gallen, Univ. Diss., 1996)

[HEILMANN 1994] H. Heilmann: Workflow Management: Integration von Organisation und Informationsverarbeitung. in HMD Heft 176 (1994) S. 8-21

[HERRMANN UND PERNUL 1997] G. Herrmann, G. Pernul: Zur Bedeutung von Sicherheit in interorganisationellen Workflows. in Wirtschaftsinformatik 39 (1997) 3, S.217-224

[HESSE U.A. 1994A] W. Hesse, G. Barkow, H. v. Braun, H.-B. Kittlaus, G. Scheschonk: Terminologie der Softwaretechnik. Ein Begriffssystem für die Analyse und Modellierung von Anwendungssystemen. Teil 1: Begriffssystematik und Grundbegriffe. in Informatik-Spektrum 17 (1994) S. 39-47

[HESSE U.A. 1994B] W. Hesse, G. Barkow, H. v. Braun, H.-B. Kittlaus, G. Scheschonk: Terminologie der Softwaretechnik. Ein Begriffssystem für die Analyse und Modellierung von Anwendungssystemen. Teil 2: Tätigkeits- und ergebnisbezogene Elemente. in Informatik-Spektrum 17 (1994) S. 96-105

[HGB] Handelsgesetzbuch. Beck-Texte im dtv, Band 5002, 29. Auflage, Stand 1.Juni 1995, Verlag C. H. Beck, München, 1995

[HOFFMANN U.A. 1992] W. Hoffmann, A.-W. Scheer, R. Backes: Konzeption eines Ereignis-klassifikationssystems in Prozessketten. Veröffentlichungen des Instituts für Wirtschafts-informatik der Universität Saarbrücken, Heft 95, Saarbrücken, 1992

[HÖGL UND DERSZTELLER 1997] M. Högl, G. Derszteller: Vom Business Process Reengineering zum Workflow Management. in DV-Management 1 (1997) S. 28-33

[HOLTEN U.A. 1997] R. Holten, R. Striemer, M. Weske: Vergleich von Ansätzen zur Entwicklung von Workflow-Anwendungen. in [OBERWEIS UND SNEED 1997] S. 258-274

[HUBER-WÄSCHLE U.A. 1995] F. Huber-Wäschle, H. Schauer, P. Widmayer (Hrsg.): GISI 1995, Herausforderungen eines globalen Informationsverbundes für die Informatik. 25. GI-Jahrestagung und 13. Schweizer Informatikertag, Zürich, September 1995

[JABLONSKI 1995A] S. Jablonski: Workflow-Management-Systeme: Motivation, Modellierung, Architektur. Informatik-Spektrum 18 (1995), S. 13-24

[JABLONSKI 1995B] S. Jablonski: Workflow-Management-Systeme: Motivation, Modellierung und Architektur. ITP Verlag, Bonn, 1995

[JABLONSKI 1996] S. Jablonski: Anforderungen an die Modellierung von Workflows. in [ÖSTERLE UND VOGLER 1996] S.65-81

[JABLONSKI 1997] S. Jablonski: Architektur von Workflow-Management-Systemen. in Informatik Forschung und Entwicklung (1997) 12, S. 72-81

[JABLONSKI UND BUßLER 1996] S. Jablonski, C. Bußler: Workflow-Management: Modelling, Concepts, Architecture and Implementation. International Thomson Computer Press, 1996

[JABLONSKI UND ORTNER 1997] S. Jablonski, E. Ortner: Teil A - Abgrenzung und Einord-nung. in [JABLONSKI U.A. 1997] S.1-28

[JABLONSKI U.A. 1997] S. Jablonski, M. Böhm, W. Schulze (Hrsg.): Workflow-Management: Entwicklung von Anwendungen und Systemen; Facetten einer neuen Technologie. 1.Aufl. dpunkt-Verlag Heidelberg, 1997

[JOOS U.A. 1997] B. Joos, R.M. Katzsch, A. Meier, C. Wernet: Drei Workflow-Management-Systeme im praktischen Vergleich: WorkFlow, Staffware und InConcert. in HMD Heft 193 (1997), S. 81-103

[JOST 1994] W. Jost: Das ARIS-Toolset: Eine neue Generation von Reengineering-Werkzeu-gen. in [SCHEER 1994B] S. 77-100

[JOST UND MEINHARDT 1994] W. Jost, S. Meinhardt: DV-gestützte SAP-Einführung mit dem R/3-Referenzmodell und dem ARIS-Toolset. in [SCHEER 1994A] S. 521-551

[KELLER 1994] G. Keller: SAP Business Workflow Management - Durchgängige Geschäfts-prozeßoptimierung mit Hilfe des Systems R/3. in [SCHEER 1994A] S. 471-497

[KELLER 1995] G. Keller: Eine einheitliche betriebswirtschaftliche Grundlage für das Business Reengineering. in [BRENNER UND KELLER 1995] S. 45-66

[KELLER U.A. 1992] G. Keller, M. Nüttgens, A.-W. Scheer: Semantische Prozeßmodellierung auf der Grundlage "Ereignisgesteuerter Prozeßketten (EPK)". Veröffentlichungen des Instituts für Wirtschaftsinformatik, Heft 89, Saarbrücken, 1992

[KELLER UND MEINHARDT 1994] G. Keller, S. Meinhardt: DV-gestütze Beratung bei der SAP-Softwareeinführung. in HMD Heft 175 (1994), S. 74-88

[KELLER UND POPP 1995A] G. Keller, K. Popp: Referenzmodelle für Geschäftsprozesse. in HMD Heft 187 (1995), S. 94-117

[KELLER UND POPP 1995B] G. Keller, K. Popp: Gestaltung von Geschäftsprozessen. in m&c Management & Computer, Heft 1, 1995, S. 43-52

[KELLER UND POPP 1996] G. Keller, K. Popp: Neue Epoche der Softwarekonfiguration. in SAP-Info Thema "Continuous Business Engineering", SAP AG, Walldorf, März 1996, S.12-18

[KELLER UND SCHRÖDER 1996A] G. Keller, G. Schröder: Konfiguration betriebswirtschaftlicher Anwendungssysteme. in [SCHEER 1996B] S. 365-388. identisch mit [KELLER UND SCHRÖDER 1996B]

[KELLER UND SCHRÖDER 1996B] G. Keller, G. Schröder: Geschäftsprozeßmodelle: Vergangenheit, Gegenwart, Zukunft. in Management & Computer, Heft 2, 1996, S. 77-90. identisch mit [KELLER UND SCHRÖDER 1996A]

[KELLER UND TEUFEL 1997A] G. Keller, T. Teufel: SAP R/3 prozeßorientiert anwenden. Iteratives Prozeß-Prototyping zur Bildung von Wertschöpfungsketten. Addison-Wesley-Longmann, Bonn, Reading, Mass. u.a., 2.korrig. Aufl., 1997

[KELLER UND TEUFEL 1997B] G. Keller, T. Teufel: Iteratives Prozeß-Prototyping (IPP) - Vernetztes Denken. SAP Info Nr. 53, Entwicklung und Technologie, SAP AG, Walldorf. März 1997, S.12-16

[KIDLER 1998] B. Kidler: Interview Punktlandung. in SAP Info Nr. 55, Entwicklung und Technologie, SAP AG, Walldorf, S. 4-6, 1998

[KIRCHMER 1996] M. Kirchmer: Geschäftsprozeßorientierte Einführung von Standardsoftware: Vorgehensweise zur Realisierung strategischer Ziele. Verlag Gabler, Wiesbaden, 1996, (zugl.: Saarbrücken, Univ., Diss., 1995)

[KOSANKE UND NELL 1997] K. Kosanke, J.G. Nell: Enterprise Engineering and Integration. Building International Consensus Proceedings of ICEIMT´97. International Conference on Enterprise Integration and Modelling Technology, Torino Italy October 28-30 1997, Springer Verlag Berlin, 1997

[KRALLMANN 1996] H. Krallmann: Systemanalyse im Unternehmen: Geschäftsprozessopti-mierung, partizipative Vorgehensmodelle. objektorientierte Analyse. 2. Aufl., Oldenburg Verlag, München Wien, 1996

[KRCMAR 1997A] H. Krcmar: Informationsmanagement. Springer Verlag , Berlin, 1997

[KRCMAR 1997B] H. Krcmar: Die Flexibilität stößt oft an Grenzen. in [ECKBAUER 1997B] S. 12-13

[KRCMAR UND ZERBE 1996] H. Krcmar, S. Zerbe: Negotiation Enabled Workflow (NEW) Workflow-Systeme zur Unterstützung flexibler Geschäftsprozesse. Arbeitspapier Nr. 94, Lehrstuhl für Wirtschaftsinformatik, Universität Hohenheim, 1996

[KRUSE 1996] C. Kruse: Referenzmodellgestützes Geschäftsprozeßmanagement, Gabler Verlag, Wiesbaden, 1996 (Zugl.: Saarbrücken, Univ. Diss., 1995)

[LANGNER U.A. 1997] P. Langner, C. Schneider, J. Wehler: Prozeßmodellierung mit er-eignisgesteuerten Prozeßketten (EPKs) und Petrinetzen. in Wirtschaftsinformatik 39 (1997) 5, S. 479-489

[LEHMANN UND ORTNER 1997] F. Lehmann, E. Ortner: Entwicklung von Workflow-Manage-ment-Anwendungen im Kontext von Geschäftsprozeß- und Organisationsmodellierung. in IM Information Management 4, 1997, S. 62-69

[LEHMANN U.A. 1997] C. Bußler, F. Lehmann, B. Paech, K.Stein, R. Striemer, M. Rose-mann, M. Weske, M. zur Mühlen: Kapitel C - Entwicklung von Workflow-Management-Anwendungen. in [JABLONSKI U.A. 1997] S.135-213

[LENZER 1995] F. Lenzer: Geschäftsprozeßoptimierung und Anforderungsstudie für prozeß-orientierte Software. in m&c Management&Computer 3 (1995) Heft 2, S.59-64

[LITKE 1997] H.-D. Litke: Von der Vision zur Wirklichkeit - Die Zusammenhänge von Business Process Reengineering, Workflowmanagement, Workgroupcomputing und Dokumentenmanagement. in [ECKBAUER 1997B] S. 4-7

[LULLIES U.A. 1998] V. Lullies, M. Pastowsky, S. Grandke: Geschäftsprozesse optimieren - ohne Diktat der Technik. in Harvard Business Manager 2/1998, S. 65-72

[MEINHARDT 1995] S. Meinhardt: Geschäftsprozeßorientierte Einführung von Standard-Soft-ware am Beispiel des SAP-Systems "R/3". in Wirtschaftsinformatik 37 (1995) 5, S. 487-499

[MEINHARDT UND POPP 1997] S. Meinhardt, K. Popp: Konfiguration von Geschäftsprozessen bei der Einführung von Standard-Anwendungssystemen. in HMD Heft 193 (1997), S. 104-122

[MEINHARDT UND SÄNGER 1996] S. Meinhardt, F. Sänger: R/3-Vorgehensmodell als me-thodischer Rahmen für einen erfolgreichen Projektverlauf. in HMD Heft 192 (1996) S. 100-112

[MEINHARDT UND TEUFEL 1995] S. Meinhardt, T. Teufel: Business Reengineering im Rahmen einer prozeßorientierten Einführung der SAP-Standardsoftware R/3. in [BRENNER UND KELLER 1995] S.69-94

[MENTZEL 1997] K. Mentzel: Unternehmensführung im Wandel. in [HANSMANN 1997] S. 29-53

[MEYER 1997] M. Meyer: Prozessmonitoring in SAP Business Workflow. in DV-Management 4 / 1997, S. 163-167

[MILLING 1981] P. Milling: Systemtheoretische Grundlagen zur Planung der Unternehmenspolitik, Abhandlungen aus dem Industrieseminar der Universität Mannheim, Duncker und Humblot, Berlin 1981

[MÜLLER 1995] S. Müller: Ablaufmodellierung als Analyse-, Entwurfs- und Realisierungsmethodik im Softwareentwicklungsprozeß, Verlag Josef Eul, Reihe Wirtschaftsinformatik Band 15, Bergisch Gladbach, Köln, 1995

[MÜLLER-ZANTOP 1998] S. Müller-Zantop: Neue Perspektiven für Logistiksysteme. in [ECKBAUER 1998] S. 10-13

[OBERWEIS UND SNEED 1997] A. Oberweis, H.M. Sneed (Hrsg.): Software Management 1997. Fachtagung der Gesellschaft für Informatik Oktober 1997 in München. Teubner Verlag, Stuttgart, Leipzig, 1997

[ÖSTERLE UND FLEISCH 1998] H. Österle, E. Fleisch: Vom Reißbrett zur Praxis: Prinzipien der Planung und Implementierung verteilter SAP-Architekturen. in SAP Info Nr. 55, SAP AG (Hrsg.), Walldorf, 1998 , S.84-85

[ÖSTERLE UND VOGLER 1996] H. Österle, P. Vogler (Hrsg.): Praxis des Workflowmanagements. Vieweg Verlag, Braunschweig, 1996

[ÖSTERLE U.A. 1996] H. Österle, R. Riehm, P. Vogler (Hrsg.): Middleware. Grundlagen, Produkte und Anwendungsbeispiele für die Integration heterogener Welten. Verlag Vieweg, Braunschweig , Wiesbaden, 1996

[PAGEL U.A. 1995] B.-U. Pagel, H.-W. Six, G. Kösters: Software Engineering I. Kurs 1793 an der FernUniversität Hagen, Mat.Nr. 000 829 625 (04/96), Hagen 1995

[PICOT UND ROHRBACH 1995] A. Picot und P. Rohrbach: Organisatorische Aspekte von Workflow-Management-Systemen. in IM Information Management 10 (1995) 1, S. 28-35

[PICOT U.A. 1997] A. Picot, H. Dietl, E. Franck: Organisation. Eine ökonomische Perspektive. Schäffer-Poeschel Verlag, Stuttgart, 1997

[PIETSCH 1997] W. Pietsch: Kundenorientiertes Softwareprozeß-Management. in Information Management 1, S. 21-26, 1997

[PORTER 1986] M.E. Porter: Wettbewerbsvorteile. Spitzenleistungen erreichen und behaupten (übers. a.d. Engl.), Frankfurt am Main, 1986

[Priemer 1995] J. Priemer: Entscheidungen über die Einsetzbarkeit von Software anhand formaler Modelle. Pro Universitate Verlag, Sinzheim, 1995 (zugl.: Münster, Univ. Diss., 1995)

[RIEHM UND VOGLER 1996] R. Riehm, P. Vogler: Middleware: Infrastruktur für die Integration. in [ÖSTERLE U.A. 1996] S. 25-135

[Rosemann 1996] M. Rosemann: Komplexitätsmanagement in Prozeßmodellen. Methodenspezifische Gestaltungsempfehlungen für die Informationsmodellierung. Gabler Verlag, Wiesbaden, 1996 (zugl.: Münster, Univ. Diss. 1995)

[SAP 1996A] SAP AG (Hrsg.): CA - R/3-Referenzmodell. Release 3.0. SAP AG, Walldorf, Mai 1996

[SAP 1996B] SAP AG (Hrsg.): SAP Business Workflow. Funktionen im Detail. SAP AG, Walldorf, April 1996

[SAP 1996C] SAP AG (Hrsg.): Application Link Enabling (ALE). Mat.-Nr. 50 013 116, SAP AG, Walldorf, Juni 1996

[SAP 1996D] SAP AG (Hrsg.): Das Business Framework. Mat.-Nr. 50 016 528, SAP AG, Walldorf, Oktober 1996

[SAP 1996E] SAP AG (Hrsg.): SAP Business-Objekte, Mat.-Nr. 50 016 527, SAP AG, Walldorf, Oktober 1996

[SAP 1996F] SAP AG (Hrsg.): SAP Business Workflow. Release 3.0, SAP AG, Walldorf, Mai 1996

[SAP 1997A] SAP AG (Hrsg.): BC - Das R/3-Prozeßmodell (Release 3.1G). SAP AG, Walldorf, Mai 1997

[SAP 1997B] SAP AG (Hrsg.): Im Focus: SAP Business Workflow. Mat-Nr. 50 014 358, SAP AG, Walldorf, September 1997

[SAP 1997C] SAP AG (Hrsg.): R/3 Business Engineer. Wissensbasierte, interaktive R/3 Konfiguration und kontinuierliche Anpassung. Mat.-Nr. 50 020 086, SAP AG, Walldorf, Juli 1997

[SAP 1997D] SAP AG (Hrsg.): Workflow-Schnittstellen. OSS-Hinweis 77099 Version 003 vom 18.07.1997, SAP AG, Walldorf

[SAP 1997E] SAP AG (Hrsg.): Referenzmodell 3.0 / 3.1. OSS-Hinweis 85149 Version 001 vom 10.10.1997, SAP AG, Walldorf

[SAP 1997F] SAP AG (Hrsg.): Glossar. Release 3.1. SAP AG, Walldorf, Juli 1997

[SAP 1997G] SAP AG (Hrsg.): WF - Workflow-Szenarien in den Anwendungen. Release 3.1. SAP AG, Walldorf, Mai 1997

[SAP 1997H] SAP AG (Hrsg.): WF - SAP Business Workflow. Release 3.1. SAP AG, Walldorf, Mai 1997

[SAP 1997I] SAP AG (Hrsg.): WF - SAP Business Workflow Tutorials. Release 3.1. SAP AG, Walldorf, Mai 1997

[SAP 1997J] SAP AG (Hrsg.): Mandantenfähigkeit R/3 - Übersicht. OSS-Hinweis 31557 Version 008 vom 18.02.1997, SAP AG, Walldorf

[SAP 1997K] SAP AG (Hrsg.): CA - ALE - Application Link Enabling. Release 3.1. SAP AG, Walldorf, Mai 1997

[SAP 1997L] SAP AG (Hrsg.): Modellierung des Referenzmodells im R/3. OSS-Hinweis 30524 Version 010 vom 20.08.1997, SAP AG, Walldorf

[SAP 1997M] SAP AG (Hrsg.): MM Einkauf. Release 3.1, SAP AG, Walldorf, Mai 1997

[SAP 1997N] SAP AG (Hrsg.): BC SAP Automation RFC Interfaces. Release 3.1, SAP AG, Walldorf, May 1997

[SAP 1997O] SAP AG (Hrsg.): BC SAP The RFC API. Release 3.1, SAP AG, Walldorf, May 1997

[SAP 1997P] SAP AG (Hrsg.): WF SAP-Office. Release 3.1, SAP AG, Walldorf, Mai 1997

[SAP 1997Q] SAP AG (Hrsg.): Hinweis zum R/3 Referenzmodell 3.1H im Business Navigator. Online-Hinweis im System R/3 Version 3.1H bei Aufruf des Business Navigators

[SAP 1997R] SAP AG (Hrsg.): Der betriebswirtschaftliche Nutzen des Business Framework. Mat-Nr. 50 020 086, SAP AG, Walldorf, Juli 1997

[SAUTER UND MORGER 1996] C. Sauter, O. Morger: Die Workflow Management Coalition. in Wirtschaftsinformatik 38 (1996) 2, S.228-229

[SCHAEFER UND BRECHTEZENDE 1997] C. Schaefer, B. Brechtezende: Prozeßorientierte SAP Einführung. in DV-Management 4 / 1997, S. 187-190

[SCHÄTZLER UND EILINGSFELD 1997] D. Schätzler, F. Eilingsfeld: Intranets. Firmeninterne Informationssysteme mit Internet-Technologie. dpunkt Verlag, Heidelberg 1997

[SCHEER 1992] A.-W. Scheer: Architektur integrierter Informationssysteme. 2. Aufl., Springer-Verlag Berlin 1992

[SCHEER 1994A] A.-W. Scheer (Hrsg.): Rechnungswesen und EDV. 15. Saarbrücker Arbeitstagung 1994. Physica-Verlag, Heidelberg, 1994

[SCHEER 1994B] A.-W. Scheer (Hrsg.): Prozeßorientierte Unternehmensmodellierung. Grundlagen - Werkzeuge- Anwendungen, Gabler Verlag, SzU Band 53, Wiesbaden, 1994

[SCHEER 1995A] A.-W. Scheer: ARIS-Toolset: Die Geburt eines Softwareprodukts. in IM

Information Management 2/95, S. 76-81, 1995

[SCHEER 1995B] A.-W. Scheer (Hrsg.): Rechnungswesen und EDV. 16. Saarbrücker Arbeitstagung 1995. Physica-Verlag, Heidelberg, 1995

[SCHEER 1996A] A.-W. Scheer: ARIS-Toolset: Von Forschungsprototypen zum Produkt. in
Informatik-Spektrum 19 (1996), S. 71-78

[SCHEER 1996B] A.-W. Scheer (Hrsg.): Rechnungswesen und EDV. 17. Saarbrücker Arbeitstagung 1996. Physica-Verlag, Heidelberg, 1996

[SCHEER 1997A] A.-W. Scheer: Die Geschäftsprozesse einheitlich steuern. in Harvard Business Manager 1 / 1997 S. 115-121

[SCHEER 1997B] A.-W. Scheer: Architektur für das industrielle Geschäftsprozeßmanagement.
in Industriemanagement 13 (1997) 6, GITO-Verlag, S. 25-29

[SCHEER UND GALLER 1994] A.-W. Scheer, J. Galler: Die Integration von Werkzeugen für
das Management von Geschäftsprozessen. in [SCHEER 1994B] S. 101-118

[SCHEER UND JOST 1996] A.-W. Scheer, W. Jost: Geschäftsprozeßmodellierung innerhalb
einer Unternehmensarchitektur. in [VOSSEN UND BECKER 1996] S. 29-46

[SCHEER U.A. 1995] A.-W. Scheer, M. Nüttgens, V. Zimmermann: Rahmenkonzept für ein
integriertes Geschäftsprozeßmanagement. Wirtschaftsinformatik 37: 5; S. 426-434, 1995

[SCHEER U.A. 1997] A.-W. Scheer, R. Borowsky, S. Klabunde, A. Traut: Flexible Industrial-
Applications through Model-Based Workflows. in [KOSANKE UND NELL 1997] S. 439-448

[SCHMID 1996] K .Schmid: Exchange-Formulare bedienen SAP Business Workflow. in SAP
Info Nr. 51 Entwicklung und Technologie, SAP AG (Hrsg.), Walldorf, 1996, S. 21-23

[SCHNEIDER 1997] H.-J. Schneider (Hrsg.): Lexikon der Informatik und Datenverarbeitung.
4. Aufl., Oldenburg Verlag, München, Wien. 1997

[SCHRÖDER 1996] G. Schröder: Industriespezifische Geschäftsprozeßmodellierung. in SAP-
Info Thema "Continuous Business Engineering", SAP AG, Walldorf, März 1996, S.19-22

[SCHULZE UND BÖHM 1996] W. Schulze, M. Böhm: Klassifikation von Vorgangsverwaltungs-
systemen. in [VOSSEN UND BECKER 1996] S. 279-293

[SCHULZE U.A. 1997] P. Bartl, P. Heinl, A. Kotz-Dittrich, A. Geppert, H. Groiss, H. Jasper,
W. Liebhardt, P. Muth, T. Schaller, R. Schmidt, G. Schneider, W. Schulze, H. Schuster,
K. Schwab, D. Tombros, M. Weber, G. Weikum, J. Weißenfels, D. Wodtke, O. Zukunft:
Teil D - Entwicklung von Workflow-Management-Systemen. in [JABLONSKI U.A. 1997],
S.215-423

[SCHWARZER UND KRCMAR 1995] B. Schwarzer, H. Krcmar: CATeam zur Unterstützung der
prozeßorientierten Standardsoftware-Einführung. in m&c Management & Computer 3
(1995) Heft 4, S.291-299, 1995

[SCHWICKERT UND FISCHER 1997] A.C. Schwickert, K. Fischer: Der Geschäftsprozeß als formaler Prozeß. in Journal für die Betriebswirtschaft, JFB 2 / 1997 S. 88-99

[STEINMANN UND SCHREYÖGG 1991] H. Steinman, G. Schreyögg: Unternehmensplanung. Kurs 0507 an der FernUniversität Hagen, Mat.Nr. 000 397 997 (10/95), Hagen 1991

[STROBEL-VOGT 1997] U. Strobel-Vogt: SAP Business Workflow in der Logistik: Strategie und Implementierung in der Praxis. ViewegVerlag Braunschweig, Wiesbaden, 1997

[TEUSCH 1995] W. Teusch: Workflow-gestützte Vorgangsbearbeitung in öffentlichen Verwaltungen. in [SCHEER 1995B] S. 441-459

[THOME UND HUFGARD 1996] R. Thome , A. Hufgard: Continuous System Engineering - Entdeckung der Standardsoftware als Organisator. Vogel Buchverlag, Würzburg 1996

[VOGLER 1996] P. Vogler: Chancen und Risiken von Workflow-Management. in [ÖSTERLE UND VOGLER 1996] S.343-362

[VOSSEN UND BECKER 1996] G. Vossen, J. Becker (Hrsg.): Geschäftsprozeßmodellierung und Workflow-Management: Modelle, Methoden, Werkzeuge. International Thomson Publishing, Bonn 1996

[WÄCHTER U.A. 1995] H. Wächter, F. Fritz, A. Berthold, B. Drittler, H. Eckert, R. Gerstner, R. Götzinger, R. Krane, A. Schaeff, C. Schlögl, R. Weber: Modellierung und Ausführung flexibler Geschäftsprozesse mit SAP Business Workflow 3.0. in [HUBER-WÄSCHLE U.A. 1995] S. 197-204

[WAHRIG 1986] G. Wahrig: Deutsches Wörterbuch. Bertelsmann Lexikon Verlag, Gütersloh 1986 (in der Auflage: einmalige Jubiläumsausgabe "25 Jahre", 1991)

[WASEM-GUTENSOHN 1998] J. Wasem-Gutensohn: Praxisbeispiele: Workflow auf Basis von R/3 und Notes implementieren. in Computerwoche Nr. 7 vom 13.Februar 1998, S.18

[WEIß UND KRCMAR 1996] D. Weiß, H. Krcmar: Workflow-Management: Herkunft und Klassifikation. in Wirtschaftsinformatik 38 (1996) 5, S. 503-513

[WFMC 1994] Workflow Management Coalition: The Workflow Reference Model. Document Number TC00-1003 Issue 1.1, November 1994

[WFMC 1996] Workflow Management Coalition: Workflow Client Application (Interface 2), Application Programming Interface (WAPI), Specification. Document Number WfMC-TC00-1009 Version 1.2, Oktober 1996

[WIGAND U.A. 1997] R. Wigand, A. Picot, R. Reichwald: Information, Organization and Management. Expanding Markets and Corporate Boundaries. John Wiley & Sons, Chichester et al., 1997

[WOLFF 1997] H. Wolff: Integration von SAP R/3 und Lotus Domino. in DV-Management 4 / 1997, S. 155-158

10 Lizenzrechtliche Hinweise

Die in der Arbeit aufgeführten Produktnamen, Soft- und Hardwarebezeichnungen sind in sehr vielen Fällen auch eingetragene Warenzeichen verschiedener Firmen bzw. Personen und unterliegen daher als solche den gesetzlichen Bestimmungen.

Die abgebildeten Bildschirmmasken sowie die Basis für die teilweise veränderten Prozeßketten wurden dem System R/3 entnommen und unterliegen im Original dem Urheberrecht der SAP AG in Walldorf.

11 Erklärung

Ich versichere, daß ich diese Diplomarbeit selbständig und nur unter Verwendung der angegebenen Quellen und Hilfsmittel angefertigt und die den benutzten Quellen wörtlich oder inhaltlich entnommenen Stellen als solche kenntlich gemacht habe.

Die Arbeit hat in gleicher oder ähnlicher Form noch keiner anderen Prüfungsbehörde vorgelegen.

München, den 28. Februar 1998

Gerhard Pietsch

Diplomarbeiten Agentur

Die Diplomarbeiten Agentur vermarktet seit 1996 erfolgreich
Wirtschaftsstudien, Diplomarbeiten, Magisterarbeiten, Dissertationen
und andere Studienabschlußarbeiten aller Fachbereiche und Hochschulen.

Seriosität, Professionalität und Exklusivität prägen unsere Leistungen:

- Kostenlose Aufnahme der Arbeiten in unser Lieferprogramm
- Faire Beteiligung an den Verkaufserlösen
- Autorinnen und Autoren können den Verkaufspreis selber festlegen
- Effizientes Marketing über viele Distributionskanäle
- Präsenz im Internet unter **http://www.diplom.de**
- Umfangreiches Angebot von mehreren tausend Arbeiten
- Großer Bekanntheitsgrad durch Fernsehen, Hörfunk und Printmedien

Setzen Sie sich mit uns in Verbindung:

Diplomarbeiten Agentur
Dipl. Kfm. Dipl. Hdl. Björn Bedey –
Dipl. Wi.-Ing. Martin Haschke ——
und Guido Meyer GbR ————

Hermannstal 119 k ————
22119 Hamburg ————

Fon: 040 / 655 99 20 ————
Fax: 040 / 655 99 222 ————

agentur@diplom.de ————
www.diplom.de ————

www.ingramcontent.com/pod-product-compliance
Lightning Source LLC
Chambersburg PA
CBHW031227050326
40689CB00009B/1502